Gespräche mit Erzengel Michael

Wir möchten den Leser mit diesem Buch in seinem Bewusstwerdungsprozess unterstützen. Dieses Buch soll ihn informieren, lehren, unterhalten und inspirieren. Der Autor und der Verlag können für keinerlei Verluste oder Schäden verantwortlich oder schadensersatzpflichtig gemacht werden, die irgendjemandem direkt oder indirekt durch die in diesem Buch enthaltenen Informationen entstehen können.

Die Begriffe Kamasha, Natara, Oronos, Die Sieben Seelenländer, Gespräche mit Erzengel Michael, Herzenslichtkörperprozess, Aouyash und Liebes Leben sind markenrechtlich geschützt.

© Natara Jörg Loskant
© Kamasha Verlag
Marie-Curie-Str. 6
36039 Fulda
Tel.: +49 (0) 661 /38 000-240
Fax: +49 (0) 661 /38 000-249
love@kamasha.de
www.kamasha.de

Umschlaggestaltung: Uta Kessler unter Verwendung des Erzengel-Michael-Bildes von dem Künstler Ivoi
Druck: CPI books GmbH, Ulm

ISBN 3-936767-00-9

7. Auflage April 2019
Originalausgabe: März 2003

Für dieses Buch wurde ausschließlich Papier verwendet, das nicht aus dem Regenwald stammt.

Gespräche mit Erzengel Michael

Band 1

Kamasha Verlag

Für alle Kinder dieser Erde

Wenn einer alleine träumt, ist es nur ein Traum.

Wenn viele gemeinsam träumen,
ist es der Beginn einer neuen Wirklichkeit.

Träumt euren Traum.

Geliebte Kinder des Lichts!

Der Frieden und die Freiheit sind da, wenn die
Liebe in jede Zelle des Körpers strömt. Das ist die
Wahrheit für das neue Buch, "Gespräche mit
Erzengel Michael, Band 1".
Die neue Zeit ist die Qualität der Klarheit: Klarheit in
Beziehung mit sich selbst, mit Partnern, mit der
Gesellschaft, mit der Liebe und mit dem Tod. Diese
Klarheit ist der wichtigste Schritt zur Liebe.
Dieses Buch soll dir helfen, deine eigene Klarheit
zu leben. Es geht um Lebens-Visionen, Sexualität,
Freiheit, Karma, spirituelle Einweihungen, kosmische
Pläne für die Erde und die Entwicklung bis zum
Jahr 2013.
Die Fragen sind von einem Team von Menschen
gestellt, die sich dem neuen Bewusstsein und der
Liebe des Herzens öffnen.
Ich beantworte diese Fragen mit völliger und be-
dingungsloser Liebe, damit eure Herzen klar und
rein werden und die Liebe, die große Liebe des
Kosmos, jede Zelle von euch durchdringt.

Ihr seid gesegnet. Ich bin immer da.

In Liebe

Erzengel Michael

Danksagung Natara

Liebe Freunde,

das wundervollte Buch "Gespräche mit Erzengel Michael" Band 1 geht in die 7. Auflage.

Was seitdem alles Geniales geschehen ist mit der Kraft unserer Liebe und Lebendigkeit.
Wir können alles verändern, das zu erkennen, ist die größte Herausforderung und zugleich die größte Erkenntnis in der Spiritualität.
Bewegung im Innen und Außen. Dieses wertvolle Wissen in diesem Buch lädt uns immer wieder ein, in die Bewegung zu gehen.
Noch heute nach 16 Jahren sind die Themen immer noch genauso aktuell wie in 2003.

Lasst uns gemeinsam Gutes bewegen und lasst uns in Frieden mit allen Völkern leben.
Danke, dass Erzengel Michael euch auf eurem Weg begleiten darf.

Eine tiefe Zeit des Friedens für euch alle.

Natara

Juni 2016

Danksagung

Die Worte, die in diesem Buch geschrieben sind, kamen durch das Medium Natara. Ich, Erzengel Michael, begleite Natara seit Dezember 1998, und es ist ein wundervoller Prozess, zu sehen und zu erfahren, wie meine Vision durch ihn Wirklichkeit wird. Die Essenz eines Menschen, durch den Engel sprechen, ist Liebe, und diese Liebe kann bis ins Unendliche wachsen. Natara hat den Auftrag, diese Liebe mit diesem Buch auf der Erde zu verbreiten.

Ich danke Natara, Aloka, Ashaleera, Ayakara, Seetakara und Shamara, dass sie das Buch Wirklichkeit werden lassen. Ich danke ihnen, dass sie den Mut haben, das darin enthaltene Wissen zu veröffentlichen, es auf die Erde zu bringen.

Es ist nicht das letzte Buch in dieser Form. Schon bald wird es ,Gespräche mit Erzengel Michael, Band 2' geben. Das grenzenlose Wissen des Kosmos wird jedem Bewohner der Erde zugänglich - gerade jetzt, im Goldenen Zeitalter, in dem ihr euch inkarniert habt.

Freude kommt über die Erde und nicht Leid. Ihr werdet unermesslich geliebt.

In Liebe

Erzengel Michael

Inhaltsverzeichnis

Prolog

Das ist die Konfrontation eines Channelings: Ein Channeling ist eine Begegnung mit sich selbst. Und das soll dieses Buch auch sein: eine Begegnung mit sich selbst.

Die Menschen sollen durch die Einfachheit der Gedanken, durch die Liebe, die in diesem Buch verbreitet wird und die sie sehr wohl spüren, zu sich selbst hingeführt werden - durch diese wundervollen Gespräche mit Erzengel Michael, die wir hier entstehen lassen, die wir hier manifestieren, die wir hier in diesem Sein sind.

Es geht nicht darum, Menschen im Verstand zu erreichen. Es geht mir darum, die Menschen im Herzen zu erreichen.
Und die, die erreicht werden wollen, die bleiben. Immer. Und es werden mehr und mehr und mehr - viel mehr Menschen, als ihr euch vorstellen könnt. Viel mehr.

Auch bei den öffentlichen Channelings geht es um diese Einheit. Erzengel Michael weiß es - wenn 90 Leute im Raum sind, wollen viele etwas ganz anderes hören als das, was ich sage. Aber trotzdem werden sie mit sich selbst konfrontiert. Und das ist es, was in

dieser Zeit wichtig ist auf der Erde: die Selbst-
konfrontation.

Ich spiele nicht mit Dingen - es ist Klarheit, es ist
Wahrheit, was ich sage. Und wenn ein Mensch diese
Wahrheit nicht hören kann, wenn sein Verstand nein
sagt dazu, habe ich trotzdem etwas in ihm initiiert -
in dieser Begegnung, die vielleicht drei Sekunden
gedauert hat. Aber es ist etwas passiert.

Deshalb schaue ich auch den Menschen so intensiv in
die Augen: Weil es wichtig ist, ihnen zu zeigen, wer
sie sind.
Mit diesem Augenkontakt schaust du einem Spiegel
in die Augen. Und in dieser hohen Energie, die mit
diesem Augenkontakt durch dich fließt, kannst du
erkennen, was dein göttliches Wesen ist.

Ich wünsche mir, dass ihr Fragen stellt zu den
Themen des Buches - alle Art von Fragen. Ich werde
sie beantworten, um Klarheit zu bringen in die
Herzen der Menschen. Ich habe bewusst diese sieben
Themen ausgewählt, weil es im Moment die
brennendsten sind für eure Herz-Chakren auf der
Erde.

Erzengel Michael

Das Bewusstsein vor der Geburt, die physische Geburt und das Bewusstsein der neuen Indigo-Seelen

Channeling vom 28.05.2002

FRAGE: Was bedeutet ‚Das Bewusstsein vor der physischen Geburt'?

MICHAEL: Das Bewusstsein beginnt in deinem Seelenland. Zurzeit inkarnieren sich auf der Erde Menschen aus sieben Seelenländern: aus Lemuria, vom Orion, von den Plejaden, vom Sirius, aus dem Elfen- und Feen-Land, aus dem Land der Wale und Delphine und aus dem Regenbogenland. Diese Länder sind Bewusstseins-Ebenen, Parallel-Welten, die mit der Erde gleichzeitig existieren.

Ihr habt dieses Leben auf der Erde, aber es gibt noch ganz viele Parallel-Welten. Nicht in eurem jetzigen Bewusstsein der vierten Dimension, in der ihr euch gerade befindet.

*ANTWORT: Das bestätigt mein Gefühl, das ich früher oft hatte:
dass ich mir gleichzeitig das Leben hier anschaue und woanders
sitze mit anderen Wesenheiten - gleichzeitig existent.*

MICHAEL: Es ist gleichzeitig existent.
Um noch einmal zu dem Bewusstsein zurückzukommen, bevor die Seele sich manifestiert durch euren Körper:

Von einem dieser sieben Seelenländer, die Gott geschaffen hat, habt ihr eine Ur-Seele. Die Ur-Seele ist euer zwölftes Chakra und euer zwölfter Seelen-Anteil.

Mit diesem kommt ihr immer - immer - auf die Erde oder auf einen anderen Planeten.

Dieses Ur-Bewusstsein nimmt sich elf andere Seelen-Anteile mit, um Erfahrungen auf der Erde zu machen. In jedem Chakra sitzt ein Seelen-Anteil, den ihr im Laufe eines Lebens bewusst erfahren könnt.

Während der Geburt habt ihr das Bewusstsein des zwölften Seelen-Anteils. Im Laufe eurer Prägungen, die ihr erfahrt von euren Eltern, der Schule, dem Sport, verändert sich euer Bewusstsein, und ihr geht in andere Ebenen über.

Ihr kommt mit dem Bewusstsein der zwölften Stufe eures Seelenplanes, dem göttlichsten aller Pläne, auf die Erde. Im Laufe eures Lebens wechselt ihr zwischen den Seelen-Ebenen.

FRAGE: Fängt dieser Prozess schon zu Beginn unseres Lebens an, je nachdem, welche Eltern wir uns ausgesucht haben?

MICHAEL: Nein. Ihr kommt mit dem zwölften Bewusstsein, der zwölften Bewusstseins-Stufe, der göttlichsten Bewusstseins-Stufe, aus dem Körper der Mutter heraus.

FRAGE: Wenn die Ur-Seele sich vornimmt, auf die Erde zu kommen - bestimmt sie dann auch den Zeitpunkt, wann sie wieder inkarnieren will?

MICHAEL: Ja.

FRAGE: Kann ein Mann spüren, dass sich eine Seele anmeldet, und kann er das steuern, ob diese Seele kommen soll oder nicht - ob also eine Empfängnis stattfindet?

MICHAEL: Es geht um den Seelenplan. Wenn im Seelenplan der Eltern zwei Kinder festgelegt sind, dann werden sie kommen. Wenn eine Seele kommen will und du spürst es, kannst du das nicht gedanklich aufhalten - nicht mit deinen Gedanken.

FRAGE: Wenn also Mann und Frau sagen, sie wollen kein Kind – die Frau kann trotzdem schwanger werden?

MICHAEL: Ja, so ist es.

FRAGE: Was ist mit den Prägungen während der Schwangerschaft, den Prägungen durch Ängste, durch Lieblosigkeit, durch Gewalt und vieles mehr?

MICHAEL: Diese Erfahrungen speichern sich in den Zellen, denn die Zellen entwickeln sich ja. Aber sie können nicht das zwölfte Chakra beeinflussen, weder positiv noch negativ.

FRAGE: Du sagst, wir haben zwölf Seelen-Anteile. Woher kommen die anderen elf?

MICHAEL: Aus dem Seelenland, aus dem du kommst. Alle.
Sie können sich nicht vermischen mit den Anteilen aus anderen Seelenländern. Sie kommen aus einem Seelenland. Es ist eine Einheit, die du mitbringst aus dem Seelenland. Es ist deine Ur-Seele, die du immer – immer – in jedem Leben mitbekommst.

FRAGE: Spaltet sich die Ur-Seele auf?

MICHAEL: Nein, sie spaltet sich nicht auf, sondern sie nimmt elf neue Seelen-Anteile aus ihrem Seelenland mit. In jeder Inkarnation sind es wieder andere elf.

FRAGE: Wie wird entschieden, welche Seelen-Anteile mit in die neue Inkarnation gehen?

MICHAEL: Es wird durch das entschieden, was diese elf Seelen-Anteile in der neuen Inkarnation erleben wollen - und es wird aus dem heraus entschieden, was sie in der Vergangenheit in verschiedenen Leben erlebt haben. Es geht um die Erfahrungen, die die Seelen-Anteile insgesamt machen wollen.
Diese Entscheidungen entstehen aus dem Bewusstsein der Einheit, aus dem Bewusstsein zum Beispiel des Regenbogenlandes.

FRAGE: Ist die Ur-Seele sich bewusst, dass sie jetzt gerade elf neue Erfahrungen macht?

MICHAEL: Ganz genau. Und so entsteht das Leben. Die Entwicklung der einzelnen Chakren entsteht so, dass sich die Seele bei der Verschmelzung von Mann und Frau inkarniert über das zwölfte Chakra. Mit der Verschmelzung von Mann und Frau - der Eizelle und dem Sperma - ist das zwölfte Bewusstsein, die Ur-Seele, schon im entstehenden Embryo. In dem Moment, wo Eizelle und Samenzelle sich verbinden, kommt das zwölfte Seelenbewusstsein.

FRAGE: Wann kommen denn dann die anderen elf Seelen-Anteile in den Körper des Kindes? Wie ist diese Abfolge, in welchen Monaten der Entwicklung des Embryos kommen die Seelen-Anteile?

MICHAEL: Die kommen nach und nach mit der Entwicklung des Embryos. Mit der Entstehung entwickelt sich erst das zwölfte Chakra, dann das elfte, dann das zehnte und so weiter. Das sind die nicht körperlichen Chakren. Dann entwickeln sich die sieben körperlichen Chakren:

- bis zu eineinhalb Monaten die Ausbildung
  des 3. Auges,
- bis zu zweieinhalb Monaten die Ausbildung
  des Kehl-Chakras,
- bis zu viereinhalb Monaten die Ausbildung
  des Herz-Chakras,
- bis zu sechs Monaten die Ausbildung
  des Solarplexus-Chakras,
- bis zu siebeneinhalb Monaten die Ausbildung
  des Sexual-Chakras,
- bis zu neun Monaten die Ausbildung
  des irdischen Chakras.

Die ersten nicht körperlichen Chakren manifestieren sich in den ersten Monaten; sie verbinden sich mit der Materie, denn auch im ersten Monat ist die

Materie ja bereits da: Das neue Wesen ist eine Zell-Verbindung. In dieser Zell-Verbindung manifestieren sich schon im ersten Monat die Chakren elf, zehn, neun, acht und sieben.

Erst dann, wenn das erste Chakra ausgeprägt ist, setzt die Geburt ein. Das ist ja das, was euch auf der Erde so rätselhaft vorkommt: Warum und wann beginnt der Prozess der Geburt? Der Zeitpunkt der Geburt ist, wenn das Wurzel-Chakra wirklich manifestiert ist auf der Erde.

Deshalb haben so viele Menschen, die zu früh geboren werden oder die nach Tag oder Uhrzeit geholt werden, Probleme auf der Erde, weil sie nicht die komplette Ausbildung des Wurzel-Chakras haben.

FRAGE: Aber ist das nicht eine gewollte Erfahrung - als Frühgeburt geboren zu werden zum Beispiel? Ist das nicht etwas, was der zwölfte Seelen-Anteil, die Ur-Seele, erfahren will?

MICHAEL: Nein. Das ist niemals gewollt! Noch nie gab es so viele Frühgeburten auf der Erde wie in eurer Zeit. Durch die Handy-Strahlungen, durch die Strahlen der Computer sind die Frauen nicht mehr fähig, die Kinder in ihrem Körper zu halten.

Diese gesamte Elektro-Strahlung schwächt das Immunsystem, beeinträchtigt die Hormonproduktion - und deshalb werden so viele Kinder so früh geboren. Aber das gehört nicht zum Plan des Seelenbewusstseins.

FRAGE: Dann stellt sich für mich als Frau aber die Frage: Ich lebe nun einmal in dieser Gesellschaft, in dieser Materie, an diesen Orten und Plätzen. Wenn ich weiß, ich bin schwanger - wie kann ich vermeiden, diesen Strahlungen ausgeliefert zu sein?

MICHAEL: Da gilt es zunächst einmal, die Aura zu verdichten, die Aura stark zu machen durch die verschiedensten Mittel, die wir der Erde gegeben haben. Auf keinen Fall solltet ihr mit einem Handy telefonieren während der Schwangerschaft! Doch wie viele Menschen halten sich daran... So viele Frauen arbeiten bis zum letzten Tag.

FRAGE: Was genau kann die Frau tun, die ja aus existenziellen Gründen arbeiten und am Computer sitzen muss?
Soll sie die Strahlungsessenz an den Computerplatz stellen?

MICHAEL: Ja, unbedingt. Das ist sehr wichtig!

FRAGE: Wenn ich noch nicht schwanger bin, aber plane, ein Kind zu bekommen, soll ich dann auch schon ein Amulett tragen und die Essenzen nehmen?

MICHAEL: Ja, auf jeden Fall. Denn diese Strahlungen beeinflussen das neue Wesen schon im Mutterleib sehr stark.

In tiefer Liebe

Erzengel Michael

Channeling vom 04.06.2002

MICHAEL: Wenn eine Seele Materie wird, wenn eine Frau ein Kind empfängt und dieses sich entwickelt im Körper, dann sind ab dem Moment, wo sich Eizelle und Samen verbinden, alle Chakren der Frau vertikal aufgerichtet.

Das macht die Frauen so unruhig. Es bringt sie in verschiedene Schwingungsebenen - von oben nach unten, von unten nach oben. Deshalb diese Stimmungsschwankungen der Frauen, die ein Kind erwarten.

Alle Chakren der Frau sind vertikal in der Schwangerschaft. Und das ist wundervoll, denn so steht sie wirklich in der Einheit - mit allem.

In einer einzigen Sekunde geschieht es, dass alle Chakren vertikal aufgerichtet sind. Die Frau ist zu hundert Prozent angebunden an die göttliche Energie. So hat sie alle Kraft, die sie braucht, damit diese Seele sich manifestieren kann - Körper werden kann.

Es kursieren viele Geschichten in eurem Kopf; natürlich bringen auch die Hormone Unruhe in den Körper der Frauen. Doch eigentlich ist es das Aufrichten der Chakren, das die Frauen so überwältigt. Es geschieht mit ihnen dasselbe, was auch beim Lichtkörper-Prozess erlebt wird.

FRAGE: Gerade Frauen haben dazu sehr viele Fragen. Ich weiß zum Beispiel von Vergewaltigungsopfern, die ein Kind empfangen mussten. Muss das Vertikalisieren der Chakren mit angenehmen Gefühlen während der Vereinigung von Mann und Frau zu tun haben, oder geschieht dieses Aufrichten der Chakren auch so?

MICHAEL: Es geschieht einfach - es geschieht automatisch, es ist eine Reaktion auf die Verschmelzung von Samen und Ei.
Eine Frau hat die höchste Energie zur Verfügung, wenn die Chakren vertikal sind. Diese Vertikalisierung ist notwendig. Die gesamte Kraft muss nach innen gehen, damit ein Kind entstehen kann. Der energetische Druck wäre sonst viel zu stark, denn eine Seele, die sich manifestiert, bringt bei der Ver-

schmelzung 500.000 Bovies mit, um selbst zum Körper zu werden.

Diesen Energie-Ansturm würde keine Frau aushalten, wären nicht in diesem Moment all ihre Chakren vertikal.

Die Chakren der Frau bleiben vertikal während der gesamten neun Monate der Einheit mit dem Kind.

Das ist so ein wundervoller Prozess.

FRAGE: Gibt es vor der Inkarnation schon eine Verabredung zwischen Eltern und Kindern, bei wem sich die Kinder manifestieren? Suchen sich die Eltern das Kind aus, oder sucht sich das Kind die Eltern aus?

MICHAEL: Nur die Kinder suchen aus. Sie suchen sich ihre Eltern aus.

ANTWORT: Aber sie suchen die passenden Eltern für ihren Entwicklungsprozess aus?

MICHAEL: Ja. Die Kinder kommen mit dem göttlichsten Bewusstsein, denn auch ihre Chakren sind alle vertikal, wenn sie sich inkarnieren. Alle zwölf Chakren eines Babys, eines Neugeborenen, sind vertikal. Sonst würde es die Energie gar nicht aushalten - in so einem Tempo Körper zu werden, in nur neun Monaten alle Evolutionen auf der Erde zu durchleben.

ANTWORT: Das heißt dann ja, dass wir auch das Bewusstsein der vorhergehenden Inkarnation haben müssen, um der Entwicklung standhalten zu können, um in die jetzige Zeit geboren werden zu können.

MICHAEL: Alle Stadien der irdischen Evolution, der irdischen Manifestation, durchleben sie im Mutterleib in nur neun Monaten - so schnell. Die Chakren sind auch dann noch vertikal, wenn das Kind geboren wird.

FRAGE: Wie weit gehen die Gen- und Zell-Informationen von Vater und Mutter auf das Kind über? Es ist ja in der Blaupause bereits gespeichert, wie die Seele sich insgesamt zusammensetzt. Welchen Einfluss haben dann noch die Gene, wenn das vorher schon mehr oder weniger festgelegt war?

MICHAEL: Es gibt die energetische Information bei der Verschmelzung von Mann und Frau, bei der Vereinigung der Körpersäfte. Diese energetische Information ist auch in den Genen des Kindes.

FRAGE: Was ist diese energetische Information?

MICHAEL: Die, die sich manifestiert. Wenn du jetzt fragst, ob irgendwelche negativen oder positiven Informationen von Vater und Mutter in die Gene des Kindes übergehen, dann sage ich, es ist ein energetischer Prozess.

Die Information in den Genen besteht nur aus Energie - nur aus Energie -, und so werden auch die energetischen Informationen der Eltern in die Gene des Kindes gelegt.

ANTWORT: Ich verstehe das jetzt so: Auf jeden Fall ist da zuerst eine Art von Energie und Schwingung, die dann - egal ob auf der Gen-Ebene oder auf einer anderen Ebene - die Materie erzeugt.

MICHAEL: Ja, so auch. Aber auch die energetischen Informationen, die Vater und Mutter mitbringen, sind in den Genen dieses neuen Wesens.

ANTWORT: Aber doch erst ab dem Moment, wenn die Seele hinabsteigt. Die Seele - als Strahl gesehen - kommt hinab und verschmilzt mit dem Körper. Vorher ist sie ja rein, sie hatte ja mit der DNA nichts zu tun.

MICHAEL: Nein, denn die DNA entsteht ja auf der Erde.

FRAGE: Das heißt, weil wir körperlich mitmischen, ist unser Teil mit drin - unser Teil als Eltern in dem neuen Wesen?

MICHAEL: Ja!

FRAGE: Zum Beispiel die Augenfarbe - ist das eine energetische Information von Mutter oder Vater, oder ist das die energetische Information des neuen Wesens selbst?

MICHAEL: Von Mutter oder Vater.

ANTWORT: Dann ist also das Bewusstsein des Kindes das, was es selbst mitbringt, und das Physische ist das, was durch die Eltern kreiert wird.

MICHAEL: Genau. Das Bewusstsein der Seele kommt herab. Es manifestiert sich in dem neuen Wesen, dessen Hülle - der Körper - sich materialisiert.

FRAGE: Welche Informationen bekommen diese Wesen mit aus früheren Inkarnationen?

MICHAEL: Zunächst ist wichtig, nochmal darauf einzugehen, dass die zwölfte Seelen-Ebene als Bewusstsein immer wieder auf die Erde kommt. Stets nimmt sie sich verschiedene andere Seelen-Anteile mit, die ganz bestimmte Aufgaben auf der Erde lösen möchten, die bestimmte Erfahrungen machen wollen - aber nur solche Erfahrungen, die in Liebe geschehen.

Niemals ist ein Missbrauch - ob sexuell, anderweitig physisch oder auch psychisch - von einer Seele gewollt. Sie weiß vor ihrer Inkarnation nichts davon. Niemals!

So etwas gibt es nicht im göttlichen Plan. Das geschieht durch die Macht in eurem Bewusstsein!

So etwas ist nicht im göttlichen Plan und in keinem Lebensplan vorgesehen. In keiner Akasha-Chronik, in keiner Blaupause steht eine sexuelle Vergewaltigung oder ein Missbrauch in der Kindheit. Niemals.

FRAGE: Hat das mit Karma zu tun, wenn ein Kind missbraucht wird?

MICHAEL: Nein. Es hat mit Macht zu tun, mit euren Machtstrukturen, die eure Gesellschaft aufgebaut hat, um die Sexualität zu verhindern, um die Sexualität ruhig zu stellen.

Männer oder Frauen erinnern sich im Unterbewusstsein an das Potenzial, als sie selbst mit einem solch offenen und reinen Kinderherzen lebten. Sie können es nicht ertragen. Sie versetzen diesem Wesen, diesem Kind, einen Schock, weil sie diese Schönheit, diese Liebe und diese Reinheit nicht ertragen können. Es geht nur um die Macht!

ANTWORT: Du zerstörst gerade meine sämtlichen reinkarnations-therapeutischen Vorstellungen...

MICHAEL: Ja! Der göttliche Plan sieht so etwas niemals vor. Niemals! Diese Macht-Gewalt-Struktur ist nur von Menschen geschaffen.

In den elf Seelen-Ebenen sind viele Erlebnisse gespeichert. Alle Seelen-Anteile haben vieles erlebt in vergangenen Inkarnationen. Die Welt braucht eine völlig neue Anleitung zur Reinkarnations-Therapie - denn man kann immer nur bei einem einzigen Seelen-Anteil zurückgehen in die Vergangenheit.

Niemals kann man mit allen zwölf Seelen-Anteilen insgesamt zurückgehen, denn jeder Seelen-Anteil hat andere Erfahrungen und somit andere Informationen.

FRAGE: Wo kommen diese Bilder her, wenn nicht aus vergangenen Leben? Letztlich haben sie mich dazu geführt, zu verzeihen. Ich konnte verzeihen durch den Glauben, die gleichen Dinge in früheren Leben anderen angetan zu haben. Das hat mich in ein größeres Verständnis gebracht.

MICHAEL: Du hast sie ja auch erlebt, diese Bilder. Im Prinzip geht es aber darum: um Verzeihen und Loslassen.
Diese Gewalt und Macht, die dir angetan wurde, zu verzeihen - und sie dann loszulassen. Ob es dann stimmt oder nicht, ob du gewalttätig warst oder nicht, ist gleich. Es geht um den Anteil in dir, der ja sagt, der es akzeptiert und verzeiht - auch dir selbst.

ANTWORT: Erkläre uns das noch einmal mit den zwölf Seelen-Anteilen.

MICHAEL: Du kommst mit zwölf Seelen-Anteilen auf die Erde. Immer aber inkarnierst du dich mit demselben zwölften Seelen-Anteil.

Dieser zwölfte Anteil findet elf andere Anteile aus dem Seelenland, die Erfahrungen auf der Erde machen wollen - Erfahrungen, die in Liebe sind.

Sie machen diese Erfahrungen, um weitergehen zu können auf verschiedenen Seelen-Ebenen. Doch jeder Seelen-Anteil will seine eigenen Erfahrungen machen.

Die Lichtkörper-Stufe ist gleichzeitig identisch mit dem Seelen-Anteil. Wenn du jetzt im 7. Lichtkörper bist, erlebst du das, was deine Seele - was dein 7. Anteil im Seelenbewusstsein - leben will, in Liebe leben will.

Durch Verletzungen, durch Schocks, durch verschiedene Ereignisse können sich diese Seelen-Anteile verlieren - zurückgehen ins Seelenland oder irgendwo herumschwirren. Sie finden nicht mehr in den Körper, weil der Körper voller Angst ist.

Doch durch die Essenz des Jahres 2002, 'Die Seelen-Anteile kommen zurück in den Körper', und durch die Arbeit der Bewusstseinserweiterung, die wir mit euch machen, bekommt ihr ja immer wieder die

Chance, Seelen-Anteile zu integrieren in euer Bewusstsein.

Die Ur-Essenz ist, wieder in das 12. Bewusstsein zu kommen. Und jeder - jeder! - Mensch auf der Erde erhält die Chance, in einem einzigen Leben wieder hochzugehen ins 12. Bewusstsein! Jeder! In einem einzigen Leben! Das ist fantastisch! Das wird niemals stagnieren, das wird immer bunter - je höher es geht, umso bunter wird es in eurem Leben!

Und das ist dann das Einheitsbewusstsein, die Blaupause: wirklich in der Liebe, in der Einheit zu leben!

FRAGE: Es geht um die sieben Seelenländer. Wer entscheidet, welche Ur-Seele in welchem Seelenland existiert?

MICHAEL: Es geht immer höher. Genauso wie es zwölf Stufen der Erleuchtung gibt, gibt es auch zwölf Entwicklungsstufen deiner Seele. Und so geht es höher.

FRAGE: Es ist also gar nicht wichtig, woher diese Seelenländer kommen?

MICHAEL: Die Seelenländer kommen aus der Einheit, aus dem göttlichen Bewusstsein.

FRAGE: Was trennt es - wer sagt zum Beispiel, du bist im Regenbogenland, du bist in Lemuria, du bist im Elfen Land...?

MICHAEL: Deine Entstehung! Deine Entstehung, dein Seelen-Kern.

FRAGE: Ist Ur-Seele wieder etwas anderes als Seelen-Kern? Wenn meine Ur-Seele aus dem Regenbogenland ist...

MICHAEL: ...dann ist dein Seelen-Kern auch aus dem Regenbogenland. Das ist gleich: Ur-Seele oder Seelen-Kern.

FRAGE: Die Frage ist, warum ich ausgerechnet in einer bestimmten Ebene bin. Wer sagt denn, ich komme in diese Ur-Suppe oder in die andere Ur-Suppe...? Das muss ja auch ein Abstieg gewesen sein - oder ein Aufstieg, wie auch immer.

MICHAEL: Ein Aufstieg!

FRAGE: Wo ist der eigentliche Ursprung der Seele? Wenn sie sich doch aus den sieben Seelenländern eines aussuchen kann, dann muss sie ja irgendwo hergekommen sein. Wo ist sie denn vorher? In der Einheit mit Gott? Aber ist nicht alles die Einheit mit Gott? Das scheint ja doch ein bisschen unterschiedlich zu sein.

MICHAEL: Natürlich sind die sieben Seelenländer die Einheit. Gott manifestiert sich - wie ihr seht - ja auch in unterschiedlichen Körpern auf der Erde. Und so ist es auch, dass sich die Göttlichkeit in unterschiedlichen Seelenländern manifestiert.

Es geht um das Bewusstsein, das du mit deiner Inkarnation auf die Erde mitbringst - um das Bewusstsein der 12. Seelen-Ebene. Es ist das Einheitsbewusstsein, das ihr mitbringt aus eurem Seelenland.

Gott hat diese sieben Seelenländer erschaffen, damit es so einfach wie möglich ist, die Erde in ein Paradies zu verwandeln.

FRAGE: Warum wird dann nicht von den restlichen Seelenländern gesprochen, die es gibt, außer den sieben, die du uns genannt hast? Stimmt es, dass von diesen anderen Seelenländern derzeit niemand inkarniert ist?

MICHAEL: Von diesem System der Seelenländer gibt es natürlich zwölf. Die anderen Seelenländer haben einen anderen Auftrag. Sie sind zurzeit nicht für die Erde aktiviert.

Die Tore vom Wal- und Delphin-Land wurden erst 1987 geöffnet, damit Seelen aus diesem Bewusstsein auf die Erde kommen konnten.

Aber wir reden aus dem Jetzt. Das Buch entsteht jetzt, und jetzt sind sieben Seelenländer offen für die Erde. Was in fünf Jahren entsteht... Momentan sind Seelen aus sieben Seelenländern manifestiert.

FRAGE: *Die Seele, hast du gesagt, sucht sich die Eltern aus. Woher bekommt sie den Impuls, zu sagen, jetzt will ich genau zu diesen bestimmten Eltern oder jetzt genau will ich zu diesem Zeitpunkt das und das leben - den Jetzt-Punkt?*

MICHAEL: Es gibt keinen Raum und keine Zeit im Seelenleben.

ANTWORT: *Es ist schwer nachzuvollziehen, wieso es dann doch zu einem bestimmten Zeitpunkt passiert.*

MICHAEL: Es ist wichtig: Eine Seele erkennt Strukturen...

FRAGE: *...und während sie sich entwickelt, spürt sie, es ist jetzt die Zeit... Ein bestimmter Entwicklungsprozess hat jetzt gerade begonnen, und jetzt ist die Bereitschaft da, dass sie sich inkarnieren kann mit ihren entsprechenden Seelen-Anteilen, um eigene Erfahrungen zu machen?*

MICHAEL: Ganz genau so ist es.

FRAGE: *Kann die Seele schon vorher sehen, wie die Entwicklung der Partnerschaft ihrer zukünftigen Eltern verläuft?*

MICHAEL: Eine Seele weiß immer, ob sich die Eltern trennen oder nicht; auch wenn das nach Jahren geschieht. Das Bewusstsein weiß um den Werdegang der Beziehung der Eltern. Die Seele weiß es.

FRAGE: Hat sich die Seele deshalb bei diesen Eltern inkarniert, die sich trennen, um diese Erfahrungen zu machen?

MICHAEL: Ja.

FRAGE: Du sagst, die Seele weiß, dass es keinen Raum und keine Zeit gibt. Eine Seele sieht Anfang und Ende gleichzeitig und sieht es auch, wenn eine Trennung erfolgt...?

MICHAEL: Ja. - Es wird viele aufrütteln, dieses Buch. Ein neues Bewusstsein kommt damit auf die Erde. Es ist immer wieder Zeit zur Transformation, immer - auch technisch. Und es ist immer wieder wichtig zu transformieren.

FRAGE: Kommt man irgendwann an - oder ist es immer wieder ein Ankommen aufs Neue?

MICHAEL: Wenn du vertraust, ist es immer ein Ankommen aufs Neue.

FRAGE: Wie kann ich mir das Ankommen der Seele am Ende, so es eines gibt, vorstellen? Dass sie wieder verschmilzt?

MICHAEL: Ja, die Seele verschmilzt mit dem Seelenbewusstsein, mit dem Seelenland, das auch wieder außerhalb von Raum und Zeit ist.

Da ist Ankommen. Doch du kannst dieses Ankommen, diese Glückseligkeit, bereits auf der Erde haben!

FRAGE: *Das ist kaum vorstellbar – und trotzdem ist man noch Individuum? Oder ist es so, wie du in deinem wunderschönen Gebet sagst: ‚Ich bin Gott, und ich bin du, und du bist ich.'? Ich spüre es vom Herzen her, aber mein Verstand kann es nicht begreifen.*

MICHAEL: Es ist mit dem Verstand nicht zu begreifen, aber es ist ganz wichtig, dass es ins Herz sinkt.

Es ist wichtig, die Glückseligkeit zu erfahren, diese kindliche Art. Ein Kinderherz hat keine Ängste. Das Kinderherz ist voller Glückseligkeit. Und in euch ist diese Glückseligkeit gespeichert – weil ihr aus dieser Glückseligkeit kommt! Und im Jetzt ist Glückseligkeit.

FRAGE: *Ist die Seele für immer in ihrem ursprünglichen Seelenland, wenn sie die zwölf Stufen durchlaufen hat, oder geht sie auch mal woandershin?*

MICHAEL: Du kannst dich entscheiden. Wenn du die zwölf Entwicklungsstufen durchlaufen hast, kannst du wählen, ob du bewusst wieder auf die Erde kommen willst.

FRAGE: *Wenn die Seele ein Leben durchlaufen hat, entweder auf der Erde oder auf einem anderen Planeten, kommt sie dann immer wieder zurück in ihr Seelenland?*

MICHAEL: Zunächst einmal - ja. Und dann kannst du neu entscheiden - dann kann dein Bewusstsein aus dieser Verschmelzung, aus dieser Glückseligkeit heraus entscheiden: ‚Ich möchte wieder Individuum werden, ich habe jetzt genug Glückseligkeit erfahren, ich möchte zurück auf die Erde und Tausende von Menschen an ihre Glückseligkeit erinnern!'

FRAGE: Und vorher suche ich elf Anteile aus, um auch denen die Möglichkeit zu geben, innerhalb meines Körpers das Bewusstsein anzuheben?

MICHAEL: Ganz genau.

FRAGE: Und zwölf Seelen-Anteile sind notwendig, um hier auf der Erde verankert zu werden?
Haben alle Lebewesen zwölf Seelen-Anteile, egal ob Pflanzen, Tiere, Menschen?

MICHAEL: Ja. Zwölf sind notwendig. Alles, alles auf der Erde hat zwölf.

FRAGE: Ich habe eine Frage zu den Vornamen der Menschen. Ist es so, dass das Aussprechen des Vornamens auch eine Wirkung hat? Ist es die Entscheidung der Eltern, wie sie das Kind nennen, oder suchen sich die Kinder die Namen aus, bevor sie inkarnieren?

MICHAEL: Die Seele kennt ja nicht den deutschen Namen, die Seele kennt nur den Seelen-Namen des

12. Bewusstseins. Die Kinder kommen mit dem Namen des 12. Bewusstseins auf die Erde. Sie versuchen natürlich, ihn zu übermitteln. Aber die Eltern verstehen es nicht, weil sie noch nicht offen sind dafür. Und so bekommen die Kinder Namen, die sie begleiten, die aber eigentlich gar nicht mit ihnen schwingen.

FRAGE: Ist es wichtig, wenn man seinen Seelen-Namen herausgefunden hat, dass man ihn nach außen gibt, um ihn zu hören und schwingen zu lassen?

MICHAEL: Ganz genau.

ANTWORT: Die Eltern sind ja oft so sehr dagegen, wenn man seinen Rufnamen wechselt - dann heißt es ‚Ich habe dir schließlich diesen Namen gegeben, Kind...'

MICHAEL: Ich - ich - ich - die Macht! Da kommt wieder die Macht durch!
Die Kinder versuchen ununterbrochen, ihren Eltern ihren Seelen-Namen mitzuteilen. Viele Eltern können ihre ungeborenen Kinder nicht verstehen, und deshalb geben sie einen weltlichen Namen, der nicht in der Aura schwingt.

FRAGE: Das ist also nicht der Name, den die Kinder sich für die irdische Inkarnation ausgesucht haben?

MICHAEL: Nein. Wenn du dich darauf einstellst und wirklich die Seele fragst...

FRAGE: ...das heißt, die Mutter kann sich während der Schwangerschaft auf das Kind einstellen?

MICHAEL: Ja, sie kann das Kind fragen: ‚Wie ist dein Name, wie willst du auf der Erde gerufen werden.'

FRAGE: Eine Frage zu Krankheiten: Wollen Kinder die Erfahrung machen, bestimmte Krankheiten zu bekommen?

MICHAEL: Kinder übernehmen Krankheiten. Wenn ein Kind mit Neurodermitis oder mit Leukämie geboren wird oder sie im kindlichen Alter bekommt, heißt das, es hat diese Krankheit aufgenommen - aufgenommen von direkten Angehörigen, von Geschwistern oder Menschen, mit denen sie in sehr engem Kontakt sind. Sie nehmen sie auf, weil sie so offen sind.

FRAGE: Also sind sie sich ja schon dessen bewusst, dass sie diese Krankheiten bekommen. Die Frage ist nur, wieso lässt es der göttliche Plan zu?

MICHAEL: Kinder sind bedingungslos. Ihr wart alle, als ihr auf die Erde kamt, bedingungslos. Ihr habt bedingungslos vertraut, bedingungslos geliebt, ihr habt einfach den Menschen vertraut, die euch etwas zu essen gegeben haben, die euch gewickelt haben –

ihr habt bedingungslos vertraut. Ihr seid einfach gekommen! Ihr vertraut sogar, wenn ihr spürt, ihr könnt etwas übernehmen – auch den Prozess der Krankheiten.

Es überträgt sich auf die Kinder; wenn etwas nicht in der Liebe ist oder im Sein, dann überträgt sich das. Sie nehmen es auf.

ANTWORT: Wenn Kinder doch vorher sogar sehen können, ob sich Eltern trennen oder nicht trennen, müssten sie doch auch ihre Krankheiten fühlen können.

MICHAEL: Selbst der Zustand von Krankheit ist ja ein Transformationsprozess. Krankheiten wollen euch zeigen: Verändert etwas in eurem Leben.

Manche Kinder nehmen eine Krankheit auf sich, um den Eltern zu zeigen: Verändert etwas in eurem Leben – verändert endlich etwas!

FRAGE: Heißt das, sie opfern sich quasi auf zum Dienst an den Eltern – und um selbst auch die Erfahrung zu machen, zu die-nen?

MICHAEL: Bedingungslos zu dienen! Weil ihr so rein seid, wenn ihr auf die Erde kommt. Egal auf welchem Erdteil, in welchem Land ihr euch inkar-niert.

Die Seelen suchen sich verschiedene Länder aus, um zu inkarnieren - um Erfahrungen zu machen für alle elf Seelen-Anteile.

FRAGE: ...weil zum Beispiel Seelen-Anteile dabei waren, die gesagt haben: ‚So, ich bin aus Afrika, und ich möchte dort wieder Erfahrungen machen.'?

MICHAEL: Sie kommen bedingungslos, um ein Zeichen zu setzen - um auch dort ein Zeichen zu setzen, indem sie verhungern! Um den Menschen zu zeigen, was ihr lebt auf der Erde!

Öffnet euer Herz! Darum geht es. Und dafür opfern sich Seelen - sie kommen, obwohl sie wissen, dass sie an Hunger sterben werden. Sie sagen: Ich bin bedingungslos, ich komme auf die Erde, um den Menschen zu zeigen, was aus der Einheit geworden ist, was die Macht angerichtet hat.

So entsteht die Armut dort in diesen Ländern.

FRAGE: Wo entsteht denn diese Macht?

MICHAEL: Macht entsteht, wenn das Herz nicht mehr beachtet wird - wenn Gedanken, Gedanken, Gedanken immer mehr Kraft bekommen.

Dann entsteht Macht.

Das Herz ist so bedingungslos, und jedes Kind hat diese bedingungslose Liebe. Es hat bis zum zweiten Lebensjahr überhaupt keine Gedanken - nichts, nicht einen einzigen, auch beim Wahrnehmen noch nicht. Kinder sind bedingungslos.

Erst wenn es Wörter erfährt, Dinge benennen lernt – erst mit zwei Jahren, wenn die Sprache anfängt, wenn das Kind anfängt, Dinge zuzuordnen, beginnt der Verstand.

Aber vorher sind sie im Sein. Und Menschen haben den Verstand benutzt, um die Macht entstehen zu lassen.

ANTWORT: Aber sie alle sind doch Seelen. Du sagst, es kommen Seelen, um sich zu opfern, um aufzuzeigen, was andere Menschen angerichtet haben... Diese Menschen, die aufgerüttelt werden sollen, das sind ja auch Seelen, die einmal unschuldig waren! Und der Verstand, der ist doch auch von Gott gegeben!

MICHAEL: Der Verstand ist euch gegeben worden, damit ihr handelt auf der Erde! Aber ihr sollt in Liebe handeln und nicht in Macht handeln!

FRAGE: Es geht also gar nicht darum, den Verstand auszuschalten...?

MICHAEL: Handeln! Dazu ist der Verstand da! Das Herz im Geist manifestieren und dann handeln! Das ist der Weg: Verstand und Herz zusammenbringen.

FRAGE: *Wenn die Seelen auf der Erde inkarnieren, sind sie völlig rein. Es kann ja ganz am Anfang nur diese Reinheit da gewesen sein – wie kommt es, dass das so gekippt ist, dass diese Machtstrukturen entstehen konnten?*

MICHAEL: Je mehr Menschen auf die Erde kommen, umso mehr fängt der Verstand an zu urteilen. Ihr habt auf der Erde die Chance, die Polarität zu transformieren und dadurch wieder in die Einheit zu kommen.

Ihr habt von Gott den freien Willen bekommen. Ihr habt 50 Prozent Seelenbewusstsein und 50 Prozent freien Willen. Dieser freie Wille hat die Macht entstehen lassen. Doch Gott hat euch diesen freien Willen ganz bewusst gegeben.

FRAGE: *Wenn du sagst, dass die Kinder auf die Erde kommen, um die Menschen zu erinnern – ist es so, dass diese Menschen anscheinend das Bewusstsein nicht mehr haben? Und wird es zurückkommen?*

MICHAEL: Das wird dieses Buch ja so wundervoll machen – weil die Menschen sich erinnern, wenn sie es lesen. Tief drinnen in ihren Herzen haben sie bereits diese Informationen.

ANTWORT: Dieses Erinnern ist ein wunderschönes Gefühl. Es macht ,klick' innen, und es wird klar, was man nicht in Worte fassen kann. Sonst versucht man immer, alles in Worte zu fassen.

MICHAEL: Ja, euer Verstand braucht immer eine Erklärung. Aber eigentlich braucht ihr das gar nicht.

ANTWORT: Komisch - ich frage auch gar nicht: Warum ist es so? Das, was ich erkenne, erkenne ich, aber ich frage nicht nach dem Warum. Jetzt, wo du es sagst, bemerke ich, dass ich nicht danach frage, warum Dinge so und nicht anders sind...

MICHAEL: Gut so!

FRAGE: Den Lichtkörper-Prozess gibt es ja erst seit 1987. Das heißt, dass bis 1986 niemand diesen Lichtkörper-Prozess durchlaufen hat. War das so nicht geplant - war etwas anderes geplant?

MICHAEL: Pläne verändern sich ständig, unabhängig von Raum und Zeit. Es geht um das Jetzt.

Natürlich ist die Erde aufgestiegen. Sie war einmal in der ersten, in der zweiten, dritten Dimension. Jetzt kommt sie in die fünfte Dimension - ja, sie ist aufgestiegen.

In tiefer Liebe
Erzengel Michael

Channeling vom 18.06.2002

FRAGE: Du sagtest, wenn das erste Chakra ausgebildet ist, dann erfolgt die Geburt. Geschieht das sofort, oder verstreicht nach der Ausbildung des ersten Chakras noch eine Zeit?

MICHAEL: Mit der Ausbildung des ersten Chakras kommt ein so starker Energiewirbel durch das Kind in die Frau, dass die Plazenta platzt. Das geschieht direkt, unmittelbar danach.

Das Wichtigste für das Kind und für die Mutter ist eine sanfte Geburt – so sanft wie möglich.

Das Beste ist eine Wassergeburt – das ist das Allerbeste, um dem Kind, das neun Monate im Fruchtwasser entstanden ist, dieser wundervollen Seele die Möglichkeit zu geben, so sanft wie möglich auf dieser Erde anzukommen.

Und wenn das neue Wesen vom Fruchtwasser in das Wasser gleitet, ist dies die sanfteste Geburt.

FRAGE: Soll die Schwangerschafts-Essenz während der ganzen Schwangerschaft genommen werden, oder reicht ein Fläschchen?

MICHAEL: Es ist ein wundervolles Geschenk, diese Essenz die ganze Schwangerschaft über zu nehmen.

Die Geburts-Essenz soll genommen werden, unmittelbar wenn die Plazenta aufbricht. Bei der Wassergeburt soll die Geburts-Essenz in das Wasser gegeben werden - die Menge je nach Gefühl. Das erleichtert die Geburt ganz wundervoll.

FRAGE: Was ist, wenn die Geburt eingeleitet wird? Was ist dann mit der Seele dieses Kindes - wenn es eigentlich noch gar nicht bereit ist...?

MICHAEL: Dann hat es Schwierigkeiten, auf der Erde wirklich anzukommen. Diese ganze Chemie der Medikamente ist in der Aura und in den Zellen dieser neuen Wesen gespeichert. Deshalb habe ich ja den Kindern die Gold-Essenz durchgegeben, und die Sonnen-Essenz. Und auch die Haar-Essenz für Kinder, die mit Kaiserschnitt geboren wurden - die Haar-Essenz zu den kosmischen Antennen, denn die Haare sind eure kosmischen Antennen. Denn all die Chemikalien, die ihr während der Geburt bekommt, all diese energetischen Informationen gehen in das Zell-Bewusstsein über.

FRAGE: Wie gebe ich einem neugeborenen Kind, das durch Kaiserschnitt geboren wurde, diese Essenz?

MICHAEL: Stelle die Essenz auf das Bild, fächle sie in die Aura und gib sie in die Hand- und Fuß-Chakren.

FRAGE: Was ist mit Zangengeburt-Kindern? Die sind doch extrem belastet - was gibt man da? Welche Probleme haben sie?

MICHAEL: Es ist eine sehr starke Verletzung des Kronen-Chakras. Und es ist natürlich auch ein ganz großer Schock, mit einem Metall auf die Erde geholt zu werden oder auch mit der Saug-Glocke. Dann empfiehlt die geistige Welt eher den Kaiserschnitt, als solche Geräte einzusetzen. Das ist ein sehr großer traumatischer Schock, Zange oder Saug-Glocke - viel mehr als ein Kaiserschnitt.

FRAGE: Was empfiehlst du Menschen, die per Kaiserschnitt geboren wurden?

MICHAEL: Das Wichtigste ist, die Essenz für das 7. Chakra zu nehmen. Und sie sollen vertrauen. Kindern, die mit Kaiserschnitt geboren wurden, fehlt oft der Lebensmut und das Vertrauen, weil sie nicht durch die Enge gegangen sind, durch den Geburtskanal. Aber trotzdem ist ein Kaiserschnitt sanfter als diese Geburtsform mit Zange oder Glocke.

FRAGE: Das heißt, auch wenn jemand schon älter ist, soll er trotzdem die Essenz für das 7. Chakra nehmen?

MICHAEL: Ja. - Auch bei Frühgeburten ist das 1. Chakra nicht ausgebildet. Deshalb ist es wichtig, diesen Kindern behilflich zu sein, damit ihr 1. Chakra ausgebildet werden kann.

FRAGE: Eine Frühgeburt ist also gar nicht im göttlichen Plan - oder hat sich die Seele diese Erfahrung ausgesucht?

MICHAEL: Oft sind es die Ängste der Eltern, die das Kind früher kommen lassen. Dieser Druck, der da entsteht - ein neues Wesen bildet sich in mir -, das ist oft der Grund, warum Kinder früher kommen.

Aber auch Handy-Strahlen bewirken Frühgeburten!

Viele Frauen wollen sich gar nicht mehr einlassen auf die Schwangerschaft. Sie arbeiten bis zum letzten Tag, und dann merken sie erst richtig, dass sie ein Wesen in ihrem Bauch tragen - sie entspannen sich kurz, und dann kommt das Kind...

Dieser Rhythmus ist einfach völlig falsch, den schwangere Frauen in dieser Zeit leben. Ein anderer Rhythmus ist wichtig: Dass die Frauen sich in Ruhe und mit Liebe einstellen können auf das wunderbare Wesen, das in ihnen entsteht.

FRAGE: Das heißt, auch den Frühgeburt-Kindern fehlt das Vertrauen. Welche Essenz empfiehlst du da?

MICHAEL: ‚Kuthumi' - Ankommen auf der Erde. Aber das ist wichtig: dass ihr wieder Formen in eurer Gesellschaft, in eurer Welt findet, dass die Frau diese wundervolle Zeit, in der das Kind entsteht im Mutterbauch, genießt.

FRAGE: Ideal wäre also, wenn man aufhören könnte zu arbeiten und sich ganz und gar auf das werdende Kind konzentrieren würde?

MICHAEL: Das wäre die schönste Ebene für die Mutter und für das Kind.

ANTWORT: Da werden viele Frauen, die das lesen, sich fragen: ‚Wie soll ich das denn schaffen – ich brauche das Geld, ich bin alleine, ich muss arbeiten...'

MICHAEL: Das ist eine Frage der Gesellschaft, der Organisation – und auch von Vertrauen und Los-lassen...

FRAGE: Meinst du, eine Frau hat in dieser Situation noch die Wahl, zu vertrauen und loszulassen in der Hoffnung, irgendwie wird es schon gehen?

MICHAEL: Genau. Dann wird sich das Leben verändern.

ANTWORT: Gerade in der Schwangerschaft sind ja diese Ängste ganz präsent, auch diese Gefühle und Wünsche: sich anlehnen wollen, versorgt sein wollen, Schutz zu haben...

MICHAEL: Es werden neue Zentren entstehen auf der Erde. Dahin können Frauen gehen in der Schwangerschaft, dort werden sie ihren Körper füh-len und wirklich das Entstehen dieses neuen Wesens erfahren. Das wird es auf der Welt geben in nächster Zeit.

Es ist sehr wichtig, dass die Menschen sich völlig darauf vorbereiten können, zu diesen hoch entwickelten Seelen, die jetzt auf die Erde kommen, ihr ja zu sagen. Denn diese neuen Wesen bringen eine neue Energie mit - eine völlig neue Energie. Und da ist es wichtig, dass die Mutter sich mit ihrem ganzen Sein darauf einstellt.

Dafür sind diese Zentren sehr wichtig. Denn die Wesen, die kommen, haben eine ganz neue energetische Matrix, eine neue 12-Strang-DNA, ein 12-Chakren-System - und das bringen sie alles mit. Deshalb werden für die Eltern Räume geschaffen, in denen diese Kinder leicht auf die Erde kommen können.

FRAGE: Sprichst du jetzt von den so genannten Indigo-Kindern, oder gibt es in Zukunft noch andere...?

MICHAEL: Nein, ich spreche generell jetzt erst mal von den Wesen, die seit 1987 auf die Erde kommen.

FRAGE: Können bis 2012 noch Seelen aus anderen Seelenländern kommen?

MICHAEL: Nur von diesen sieben, die ich euch bereits nannte.

FRAGE: Kannst du noch etwas dazu sagen: Wenn diese Seelen auf die Erde kommen, wie ist das mit den Schutzengeln?

MICHAEL: Sie kommen mit 21 Schutzengeln auf die Erde. Deshalb sind sie so behütet, diese Kinder. Es passiert oft nichts, wenn sie aus dem Fenster fallen – sie sind einfach behüteter. 21 Engel haben sie bis zu ihrem 7. Lebensjahr. Dann verlassen 18 Schutzengel dieses Wesen; drei Engel bleiben.

Mit sieben Jahren kommt die Phase der Eingliederung des Kindes auf der Erde. Die Schule beginnt, das Außen wird viel stärker als das Innen. Und deshalb bleiben drei Engel. Diese drei bleiben dann immer da. Sie können natürlich wechseln, aber drei sind immer da.

In den ersten sieben Jahren geschieht ein sehr starker Manifestationsprozess mit einem Kind. Und deshalb braucht es 21 Engel, die das Kind behütet auf die Erde bringen und in diesen sieben Jahren begleiten. In diesen sieben Jahren geschieht entwicklungsmäßig das meiste – das, was das Leben prägt. Dafür brauchen Kinder besonderen Schutz.

FRAGE: Kommen die Engel auch aus demselben Seelenland oder woanders her? Sucht man sich vorher aus, wer einen begleitet?

MICHAEL: Nein. Sie werden dir zur Seite gestellt. Du kennst sie schon, bevor du auf die Erde kommst, du nimmst sie schon alle wahr. Bevor du auf die Erde kommst, bevor du in die Manifestation kommst, sind schon alle da - mit der Verschmelzung der Eizelle und des Samens.

Sie behüten und begleiten dich, damit dein Weg auf der Erde leicht wird. Engel sind von Gott geschaffene Wesen, die den Auftrag haben, Menschen zu behüten, zu begleiten und das Bewusstsein dieses Menschen zu erhöhen. Du kannst deine Engel um alles bitten, sie können alles für dich tun - wenn es für dich bestimmt ist. Das ist das Wichtige: dass es bestimmt ist für dich. Aber sie können alles tun, wenn du sie darum bittest. Und sie wollen, dass du mit ihnen Kontakt aufnimmst - sie wollen, dass du mit ihnen redest, dass du mit ihnen bist.

FRAGE: Ich habe oft gesehen und erlebt oder gehört, dass Babys oder kleine Kinder an einem vorbeischauen und dann völlig happy sind mit irgendjemandem - ich denke mittlerweile: Ah, da ist Kontakt mit Engeln, es freut sich. Ist das so?

MICHAEL: Ja. Die sehen Engel.

FRAGE: Was kann man tun, damit die Kinder den Kontakt zu ihren Engeln länger bewusst behalten?

MICHAEL: Seifenblasen machen! Sie schweben dahin mit ihrer gläsernen Durchsichtigkeit, und doch ist in ihnen die wundervolle Schönheit der Regenbogen-farben. Auch wenn die Seifenblase zerplatzt, ist in ihr immer noch die Energie der Schönheit und des Regenbogens.

FRAGE: Und das ist so was wie eine Schulung des Kindes, um die Sinne zu aktivieren?

MICHAEL: Ja! Macht Seifenblasen! Dann erfährt das Kind wieder die Schönheit, es kann seinen visuellen Informationen wieder vertrauen.

FRAGE: Gibt es auch eine Essenz, die das Kind darin unterstützt, den Kontakt wiederzufinden oder aufrechtzuerhalten?

MICHAEL: Ja - die ‚Nirdosh-Essenz' öffnet dich für höhere Schwingungen.

FRAGE: Bis zu welchem Lebensjahr soll die Essenz genommen werden?

MICHAEL: Die kann man immer nehmen.

FRAGE: Kannst du etwas sagen zur 12-Strang-DNA - welche Auswirkungen hat sie? Diese Kinder haben zwar die 12-Strang-DNA, aber sie werden ja trotzdem anfällig für Kinderkrankheiten.

MICHAEL: Schon im Mutterbauch wird das Immunsystem der Kinder geschwächt durch die elektronischen Strahlungen - und gerade das Immunsystem ist notwendig, um auf der Erde zu leben. Die Strahlungen durch Computer, Handy, durch den Elektroherd - sie schwächen das Ungeborene. Doch der DNA-Strang wird dadurch nicht entkoppelt. Die Kinder brauchen ein starkes Immunsystem, um all den Viren und Bakterien zu widerstehen, die es im Moment auf der Erde gibt.

Die 12-Strang-DNA befähigt die Kinder, wirklich ihre Stille, die sie mitbringen, zu leben. Sie befähigt sie, telepathisch zu sein.

All das, was ihr jetzt noch mit SMS, Handys und Computer tut, entsteht irgendwann in eurem 3. Auge wieder - durch das Inner-Net. Nicht das Internet, sondern das Inner-Net!
Und das können diese Kinder. Sie können dir senden. Das ist ja auch der Grund, warum so viele Kinder schreien, schreien, schreien - und dann werden sie voll gestopft mit Medikamenten - und trotzdem schreien sie und schreien! Unentwegt senden sie den Menschen Botschaften, was ihnen wehtut, welche Schmerzen sie haben! Und sie sind so erschrocken, dass die Menschen gar nicht auf ihre Botschaften reagieren.

FRAGE: Was kann eine schwangere Frau tun, um ihr Kind zu schützen?

MICHAEL: Das Wundervollste ist natürlich, dieses Amulett, das ich der Erde gegeben habe, auf dem Bauch zu tragen. Es ist sehr wichtig, alle Strahlungsquellen zu meiden. Schaut, warum erkranken 60 Prozent der Frauen an Gebärmutterkrebs? Weil sie immer in der Energiequelle des Elektroherds stehen mit ihren Organen! Und diese Strahlung ist so schädlich, dass sie die Zellveränderungen hervorruft.

FRAGE: Und kein Wissenschaftler bringt das damit in Verbindung?

MICHAEL: Oh, doch, aber dieses Wissen wird zurückgehalten!

Das ist wie mit den Autos: Eigentlich könnten sie schon ohne Benzin fahren, aber das darf nicht sein, weil es die Industrie kaputtmachen würde...

Und ihr - die meisten Menschen auf der Erde geben irgendwelche Messages (wie z.B. SMS) ein, um zu senden. Das braucht ihr nicht! Ihr könnt es über das 3. Auge!

Seid euch bewusst, dass diese Quellen so stark strahlen, dass es wichtig ist, sich davon zu distanzieren und wirklich sein Leben zu verändern in dieser Zeit der Schwangerschaft.

FRAGE: Das heißt aber auch, auf jeden Fall die Flasche mit der Elektro-Essenz in den Sicherungskasten zu stellen?

MICHAEL: Ja, auf jeden Fall. Diese Kinder, diese wundervollen Kinder sollen gestärkt auf die Erde kommen und nicht geschwächt. Durch das Amulett und durch die Essenzen werden Mutter und Kind geschützt.

FRAGE: Gäbe es dann auch nicht so viele hyperaktive Kinder? Fängt das schon im Mutterleib an?

MICHAEL: Ja. Sie sind so offene Wesen, diese Seelen. Der Stress der Eltern, die Strahlungsmanifestationen auf der Erde, diese Mangel-Energie, die oft auf der Erde herrscht: zu wenig Geld, zu wenig Liebe, zu wenig Sex - immer diese Mangel-Energien...

All diese Dinge teilen sich den Kindern ständig mit. Sie wollen sich wehren. Diese ganze Hyperaktivität ist ein Schrei an diese Gesellschaft: Öffnet wieder euer Herz für euch!

Und nun will ich euch noch etwas sagen über das Thema Abtreibung.

Ihr wollt wissen, ob die Seelen sich bewusst sind, dass sie abgetrieben werden.

Die Seelen wissen es nicht. Aber sie haben die Wahl und die Möglichkeit, sich sofort bei der nächsten Vereinigung ihrer Eltern wieder zu inkarnieren.

FRAGE: Es heißt ja, dass ausschließlich die Seele des Kindes sich die Eltern aussucht. Während der Schwangerschaft kommt es dann zu diesen Machtkonflikten der Eltern; sie wollen das Kind abtreiben.
Du sagst, dieses Wissen hat die Seele beim Aussuchen der Eltern noch nicht. Wie kann denn dann dieser Fehler entstehen - wie kann die Seele meinen, diese Eltern, genau diese Eltern brauche ich...?

MICHAEL: ...und wieso wird denn dann eine Frau sofort wieder schwanger, wenn sie nicht verhütet? Die Seele bekommt sofort wieder die Chance zu inkarnieren! Bei dieser selben Frau kann sie sofort bei der nächsten Vereinigung wiederkommen.

ANTWORT: Das heißt, wenn diese Frauen wieder empfangen, nachdem sie abgetrieben haben - dann können sie davon ausge-hen, dass es wieder diese Seele ist! Aber wie passt es denn dann zusammen, dass Kinder, die nach einer Abtreibung geboren wer-den, oft große Schuldgefühle haben. Die Menschen lernen in der Familienaufstellung, das abgetriebene Kind anzunehmen, ihm einen Namen zu geben und es wieder zu verabschieden - denn eigentlich sind sie es doch dann selbst...

MICHAEL: ...ja, und das bedeutet, sich selbst zu verzeihen. Du gibst der damaligen Situation einen Namen, nicht der Seele. Mit der Anerkennung, dem liebevollen Annehmen der Situation und der Namensgebung kann das Schuldgefühl aufgelöst werden.

ANTWORT: Dann brauchen sich ja die Eltern nicht mehr schuldig zu fühlen: Eine Abtreibung ist nicht im göttlichen Plan, die Seele inkarniert sich wieder... Es heißt ja, dass eine Frau, die abgetrieben hat, auch Seelen-Anteile verliert. Aber wenn die Seele die Situation annimmt ...

MICHAEL: ...dann ist das auch ein Heilungsprozess dieser Seelen-Anteile. Sie kommen dadurch ebenfalls wieder. Auch bei der Mutter und dem Vater findet die Heilung statt. Ein wundervoller Prozess!

FRAGE: Wie viele Stufen gehen die Seelen-Anteile der Eltern zurück bei einer Abtreibung?

MICHAEL: Eine Stufe. Doch die Seelen-Anteile können geheilt werden.

FRAGE: Welche Folgen hat die Abtreibung für die Seele des neu inkarnierten, neu entstandenen Kindes - für seine Entwicklung, für das Bewusstsein? Ist das ein Schock?

MICHAEL: Es ist ein Schock für dieses Wesen. Es ist ein Schock, dass der Körper zerstört wird bei der Abtreibung. Doch die Seele kann sich dadurch noch bewusster entscheiden, auf die Erde zu kommen. Durch diese Erfahrung - von der sie vor der Inkarnation nichts wissen konnte, weil sie nicht im göttlichen Plan steht - kann die Seele mit mehr Energie auf die Erde kommen.

Die Seele sucht sich auch aus, wie sie kommt - ob als Mann oder als Frau. Es kann sein, dass die Abtreibung die Entscheidung mitbeeinflusst, mit welchem Geschlecht sie dann inkarniert (Beispiel: Als Junge wurde ich abgetrieben, ich inkarnierte mich neu als Mädchen).

FRAGE: Kann es auch sein, dass eine abgetriebene Seele sich im unmittelbaren Umfeld der Eltern oder der Mutter inkarniert, die sie nicht gewollt hatten?

MICHAEL: Ja, das machen die Seelen, dass sie sich im Umfeld, im Energiefeld neu inkarnieren - das machen sie aus Liebe. Auch wenn du mit dem Kind nicht sehr viel zu tun hast, es ist trotzdem gekommen.

FRAGE: Hat man dann eine Aufgabe diesem Kind gegenüber?

MICHAEL: Sei einfach offen im Herzen. Das ist das Wichtigste.

ANTWORT: *Ich kenne einige Mütter, die das beschreiben; sie sagen: Ich habe zwar abgetrieben, aber ich habe das Gefühl, da ist die Seele wieder in meiner Nähe.*

MICHAEL: Ja, diese Seelen kommen oft wieder ins nächste Umfeld - aus Liebe.

FRAGE: *Ich habe es an mir selbst erfahren: Ich habe gespürt, dass ich ein Kind empfangen habe und ihm ganz klar signalisiert: Ich will dich jetzt nicht haben, ich werde dich abtreiben. Das befruchtete Ei blieb im Eileiter stecken. Ich bin fast gestorben an dieser Eileiter-Schwangerschaft. Das Kind inkarnierte sich kurz danach bei einer Freundin von mir. Ist es möglich, die Manifestation des Körpers gedanklich zu stoppen, kann man zum Beispiel der Seele sagen, ich will dich jetzt nicht gebären?*

MICHAEL: Ja, das kannst du. So stark ist eure Gedankenkraft - so stark. Ihr könnt manifestieren, aber auch dematerialisieren.

FRAGE: *Ist dann bei einigen Eltern die Gedankenkraft nicht stark genug, weil sie trotz großem Wunsch kein Kind bekommen - oder bei anderen Eltern, dass sie ein Kind bekommen, obwohl sie jetzt gerade keines haben wollen? Was ist da mit der Gedankenkraft und Beeinflussung?*

MICHAEL: Viele Frauen, die schwanger werden wollen und es nicht können - angeblich nicht -, sind blockiert durch ihre Angst. Durch die Angst verändert sich die Hormonproduktion. Für diese Angst gibt es mehrere Gründe: Einmal, weil sie den Schock ihrer eigenen Geburt noch nicht aufgelöst haben, aber es ist auch die Einstellung eurer Gesellschaft zur Geburt. Eine Schwangerschaft und eine Geburt sind niemals eine Krankheit!

ANTWORT: Das erklärt ja auch, warum Frauen nach vielen vergeblichen Versuchen oft doch noch schwanger werden - nämlich nachdem sie losgelassen und sich damit abgefunden hatten, kein Kind zu bekommen.

MICHAEL: Ja - weil die Angst gegangen ist. Es ist die Angst, die bei vielen Frauen eine Schwangerschaft verhindert.
Und diejenigen Frauen, zu der immer und immer wieder Seelen kommen wollen, sind sich nicht klar über ihre Gedankenkraft, die sie als Frau über ihren Körper haben. Es ist wichtig, dass diese Frauen sich darüber klar werden, was genau sie eigentlich leben wollen.

FRAGE: War es früher nicht so, dass die Frauen einen größeren Einfluss darauf hatten, ob sie schwanger werden wollten oder nicht - ohne Verhütungsmittel?

MICHAEL: Ja. Und ihr habt diese Möglichkeit der Beeinflussung eures Körpers eigentlich auch. Aber es ist nicht mehr in eurem Bewusstsein.

FRAGE: Kann es sein, dass eine Frau schon vor der Inkarnation beschließt, nicht zu gebären, und dass das dann eine Auswirkung darauf hat, ob sie schwanger wird oder nicht?

MICHAEL: Das gibt es nicht.

FRAGE: Kannst du etwas sagen zu Mehrlingsgeburten wie Zwillingen oder Drillingen? Welchen Sinn hat es, dass zwei oder drei oder mehr Seelen im Körper der Frau inkarnieren?

MICHAEL: Es wollen ganz einfach mehrere Seelen zusammen die Erfahrung machen, auf die Erde zu kommen - oder gleich auszusehen.

FRAGE: Eine Frage zur 12-Strang-DNA bei den neuen Kindern und ihre therapeutischen Fähigkeiten - haben sie durch die 12-Strang-DNA auch die Möglichkeit, allein durch ihre Gedankenkraft Gliedmaßen wieder nachwachsen zu lassen? Es heißt ja, dass wir diese Befähigung eigentlich alle haben, dass sie aber verkümmert ist. Können wir das nachträglich wieder in Ordnung bringen?

MICHAEL: Wenn ihr nicht so stark in die Materie gehen würdet, dann wäre es möglich.

FRAGE: Wenn zurzeit Mediziner die Gene, die Chromosome untersuchen würden, würden sie dann nur die Doppelhelix sehen?

MICHAEL: Das lassen wir zu. Sonst nichts. Sonst gar nichts. Die 12-Strang-DNA dematerialisieren wir. Es ist nicht im göttlichen Plan, dies zu erforschen. Niemals.

FRAGE: Werden die Mediziner das in den nächsten Jahren mehr und mehr entdecken, dass die DNA bei diesen neuen Kindern anders ist?

MICHAEL: Ja, weil die Kinder völlig anders sind und weil auch die Krankheiten der Kinder ganz anders verlaufen. Alles ist anders, alles, bei diesen Kindern. Sie können auch ihre Körper zeitweise verlassen und sich auf andere Ebenen begeben.

FRAGE: Und diese Kinder gehen bewusst aus ihrem Körper heraus, auch wenn sie noch ganz klein sind? Oder geschieht das unbewusst?

MICHAEL: Ja, das geschieht ganz bewusst.

Und auch das geschieht bewusst: Oft wird Erzengel Michael auch befragt zum plötzlichen Kindstod - warum so viele Kinder, die auf die Erde kommen, nach drei oder vier Monaten auf einmal nicht mehr atmen.
Es gibt viele Theorien auf der Erde, doch niemand weiß wirklich, warum diese Wesen sterben, warum sie wieder aus ihrem Körper gehen.

Wenn du durch einen Schock aus dem Leben gegangen bist - durch einen Autounfall, durch einen Mord -, dann bekommst du die Chance, dich noch einmal zu inkarnieren, um einen normalen, einen sanften Tod zu erfahren.

Und das ist der plötzliche Kindstod. Diese Wesen hören einfach auf zu atmen. Der göttliche Plan gibt ihnen die Möglichkeit, ohne Schock von der Erde zu gehen. Damit wird der Schock des Todes in der vorherigen Inkarnation erlöst.

FRAGE: Und was ist mit dem Schock der Eltern, dieser schlimme Schmerz, dieses große Schuldgefühl durch den plötzlichen Tod ihres Kindes?

MICHAEL: Deshalb gebe ich euch diese Information, damit dieses Wissen verbreitet wird, mehr und mehr verbreitet wird:

So viele Eltern können nicht mehr leben, können sich nicht mehr vorstellen zu leben, weil sie ihr Kind mit drei, vier Monaten verloren haben. Sie fragen sich, was sie falsch gemacht haben. Sie haben es auf dem Bauch schlafen lassen, sie haben es auf dem Rücken schlafen lassen ... Es sind so viele Theorien entstanden auf der Erde ...
Doch es ist ganz einfach so, dass Gott diesen Menschen noch einmal die Möglichkeit gibt, einen wun-

dervollen Austritt aus ihrem Körper zu haben. Und
das ist der Kindstod. Das ist ein sehr wichtiges
Thema!

*FRAGE: Wie geschieht das bei diesen Kindern – sie treten ja
nicht nur aus ihrem Körper heraus, sie sterben ja in diesem
Moment. Kommen ihre ganzen Körperfunktionen zum Erliegen
und sie ersticken dann – oder wie geschieht das?*

MICHAEL: Nein, sie ersticken nicht! Sie hören auf
zu atmen. Sie wissen ja darum, dass sie auf die Erde
gekommen sind, um einen wundervollen Austritt
aus ihrem Körper zu erleben. Sie verlassen ihren Körper – oft geschieht es nachts, im Schlaf. Sie verlassen
ganz einfach den Körper und kommen nicht wieder.

Und somit schaltet der Körper seine Funktionen
wieder ab. Das ist ein physiologischer Prozess, der
daraus folgt, dass die Seelen diesen Körper verlassen
haben.

*ANTWORT: Dieses Wissen ist sicher für viele Menschen sehr
hilfreich. Ich kann mir vorstellen, dass sie es vielleicht sogar als
Geschenk verstehen können, einer Seele diese Möglichkeit eines
friedlichen Todes gegeben zu haben.*
*Die Eltern können wieder ein Kind bekommen in dem Wissen,
alles ist in bester Ordnung. Sie brauchen keine Schuldgefühle zu
haben. Aber die Menschen, die dieses Wissen nicht haben – wie
kann man diesen Eltern helfen, ihre Schuld loszulassen? Es geht
hier ja hauptsächlich um Schuldgefühle.*

MICHAEL: Das Wichtigste ist, dass jede Hebamme dieses Wissen erfährt und dieses schon in ihren Geburtsvorbereitungen vermittelt. Das ist das Wichtigste.

Dieses Wissen muss verbreitet werden, sonst nehmen die Schuldgefühle niemals ein Ende.

Doch es gibt keine Schuld!

FRAGE: Mich beschäftigt noch eine Frage zur Abtreibung: Es heißt ja, dass Mann und Frau eine Seelenstufe heruntergehen. Was ist, wenn die Frau sich alleine zur Abtreibung entscheidet und der Mann nicht in die Wahl mit einbezogen wird?

MICHAEL: Trotzdem! Mitgegangen, mitgehangen! Das Kind entsteht durch zwei Personen, niemals durch eine! Auch wenn er sich dafür entscheidet, wenn er sich für das Kind einsetzt - er geht trotzdem eine Stufe mit herunter.

FRAGE: Wie ist das bei einer Vergewaltigung - geht da alle Verantwortung auf die Person über, die die Vergewaltigung verursacht hat?

MICHAEL: Ja, es geht alles über auf den Vergewaltiger.

FRAGE: Noch einmal zu Frauen, die abgetrieben haben: Manche nehmen vorher Kontakt auf zu dem Kind, bitten es um Verzei-

*hung dafür, dass sie zu diesem Zeitpunkt einfach nicht in der
Lage sind, ein Kind aufzuziehen.*
*Diese Frauen haben bewusst vorher den Kontakt aufgenommen,
um den Abschied zu erleichtern – obwohl es trotzdem sehr weh-
tut, körperlich und seelisch.*
*Du sagst, eine Abtreibung ist nicht im göttlichen Plan, das Kind
will unbedingt auf die Welt kommen. Für diese Frauen aber war
dieser Abschied von diesem Kind o.k. Sie haben es losgelassen.
Wenn sie das jetzt lesen, kann es sein, dass sie nachträglich noch
Schuldgefühle bekommen – solche Schuldgefühle können zu
Depressionen und Krankheiten führen. Was kannst du diesen
Frauen sagen, wie kannst du sie trösten?*

MICHAEL: Wichtig ist, dass diese Frauen sich selbst
vergeben. Dass sie ja sagen zu ihrem Leben. Dass sie
im Herzen offen bleiben für sich selbst.

Es ist oft so, dass diese Frauen, die nicht ja sagen zu
ihrem Kind, auch nicht ja sagen zu ihrem eigenen
Leben.

*FRAGE: Das muss ich jetzt noch genauer verstehen: Heißt das,
wenn ich abgetrieben habe, könnte es auch ein Hinweis darauf
sein, dass ich mein Leben zum Teil verneine – und dass ich durch
dieses Geschehen lernen kann, mein Leben mehr zu bejahen?*

MICHAEL: Ganz genau. Und deshalb ist es der göttliche Plan, einen Schritt in der Seelenstufe zurückzu-
gehen bei Abtreibung: einen Schritt zurück – nicht
nach oben, nicht nach vorne – sondern einen Schritt

zurück. So bekommst du eine neue Chance, wirklich ja zu sagen zum Leben.

Es ist keine Strafe! Gott straft niemals! Es ist ein Zeichen: Schau dir das an, was geschehen ist. Du kannst es ändern, wenn du in diesem Moment zu deinem jetzigen Leben ja sagst.

Du hast mit der Abtreibung einen Teil von dir zerstört - den Teil, der sich manifestiert hatte durch das Kind. Aber im tiefen Innern hat dir dieses Geschehen etwas ganz anderes zu sagen.

FRAGE: Gibt es eine Essenz, die man solchen Frauen und Männern geben kann, die unter der Abtreibung und der Schuld sehr leiden? Um ihnen den Neuanfang oder den Rückblick oder wie auch immer zu erleichtern?

MICHAEL: Die ‚Saint-Germain'-Essenz, die Essenz des Urvertrauens.

In tiefer Liebe

Erzengel Michael

Channeling vom 25.06.2002

FRAGE: Es gibt noch Fragen zu den Seelenländern – was sie bedeuten, wie man sie sich vorstellen kann, wo sie liegen –, die Plejaden zum Beispiel. Gibt es außerdem noch andere Dimensionen?

MICHAEL: Es gibt im Moment sieben Seelenländer, aus denen sich die Seelen auf der Erde inkarnieren. Insgesamt gibt es wiederum zwölf Seelenländer. Aber im Moment inkarnieren sich sieben. Die anderen fünf kommen erst dann, wenn die Erde in noch höheren Dimensionen schwingt.

Das erste Seelenland ist Lemuria. Es ist ein Seelenland, dessen Wesen sehr, sehr große Heilfähigkeiten haben. Dort gibt es riesige Kristall-Türme in sehr großen Kristall-Städten. Lemuria ist eine Zwischenebene und existiert parallel zu eurer Welt. Eure Seelen können im Schlaf in die Kristall-Städte Lemurias reisen und sich dort wieder energetisch aufladen und reinigen.

FRAGE: Können wir darum bitten – vor dem Schlafengehen zum Beispiel?

MICHAEL: Ja, das könnt ihr. Viele Seelen, die sich jetzt auf der Erde inkarnieren, kommen aus dem

Bewusstsein von Lemuria, um diese wundervolle
Energie auf die Erde zu bringen. Heiler kommen von
Lemuria auf die Erde, um ihr dieses Bewusstsein zu
bringen und dadurch auch jedem Erdenkind.

Die Lemurianer inkarnieren mit großen Aufträgen,
wenn sie auf die Erde kommen. Das ist ein wundervolles Geschenk, das jeder Lemurianer mitbringt auf
die Erde: die klare Kristall-Liebe des Herzens.

Ihr könnt alle ausprobieren, nachts bewusst in die
Kristall-Städte Lemurias zu reisen. Hierzu gibt es die
wundervolle Kristall-Stadt-Essenz, die ich der Erde
gegeben habe. Nehmt sie vor dem Schlafengehen, und
ihr wacht völlig klar morgens auf. Probiert es aus!

Das zweite Seelenland ist das Regenbogenland. Aus
diesem Land kommen die Seelen, die ihre Träume
auf der Erde verwirklichen wollen. Es bedeutet nicht,
dass diese Menschen Träumer sind; sie wollen ganz
bewusst ihre Träume auf der Erde umsetzen.

Das Regenbogenland ist ebenfalls eine andere Welt,
eine Zwischenwelt, parallel zu der Erde, jedoch in
einer höheren Dimension. Es ist das Land der Farben.
Schaut die Seifenblasen an - sie sind voller Regenbo-
gen...
Die Menschen, die das Bewusstsein des Regenbogenlandes in sich tragen, haben es sehr schwer, sich auf

der Erde mit der Materie zu konfrontieren - und es erschwert ihnen, ihre Träume auf der Erde zu verwirklichen. Es sind Kinder des Regenbogens, sie strahlen großen Frieden aus - und dieses Bewusstsein bringen sie der Erde mit.

FRAGE: Gibt es eine Essenz für die Menschen, die sich mit der Materie schwer tun?

MICHAEL: Es gibt die Regenbogenland-Essenz.

FRAGE: Und diese Regenbogenland-Kinder dienen uns, dienen der Menschheit...?

MICHAEL: ...mit dem Frieden, ja. Und das ist sehr wichtig: Diese wundervollen Seelen vom Regenbogenland erinnern die Materie an den Frieden. Das ist auch ihr Auftrag, ja.

FRAGE: ...die Materie durchlässiger zu machen?

MICHAEL: Das Bewusstsein von Materie ist Energie, und Frieden ist ebenfalls Energie. Die Seelen aus dem Regenbogenland wollen in diese materialistische Welt - auf diese materialistische Erde - Frieden bringen mit ihrer Energie.

Das dritte Seelenland ist das Land der Feen und Elfen. Diese Seelen, die aus dem Land der Feen und Elfen auf die Erde kommen, fühlen sich sehr verbunden mit der Natur, mit den Wäldern, und sie wollen das Zeichen setzen, die Natur zu hüten. Sie wollen euch mitteilen, dass in jedem Grashalm Gott steckt.

Das Land der Feen und Elfen ist das Land des Lachens, des Spielens, des Tanzens – die Schönheit eures Körpers zu erleben. Wie es sich anfühlt, über eine Wiese zu laufen, in einem eiskalten Bach zu baden – das ist, was die Elfen und Feen mitbringen auf die Erde.

Das vierte Seelenland ist das Wal- und Delphin-Land. Es ist das Land, aus dem sich seit 1987 Seelen auf der Erde inkarnieren. Ihr Auftrag ist, das Sein auf die Erde zu bringen, den absoluten Frieden – und Liebe. Es ist das Land der Erleuchtung.

Durch das Atomunglück in Tschernobyl wäre die Erde vernichtet worden, hätten nicht so viele Engel, Meister und Wesenheiten von anderen Planeten sofort den größten Teil der atomaren Energie dematerialisiert. Bei diesem Ausmaß von Strahlung wäre die Erde nicht zu halten gewesen.

Auch aus dem Land der Elfen und Feen, aus allen Seelenländern, von allen Planeten wurde so viel atomare Energie dematerialisiert, dass ihr Menschen weiterleben könnt auf dem Planeten Erde.

Der Auftrag der Seelen aus dem Wale und Delphin-Land ist, das Bewusstsein in den Menschen anzuheben. Und somit haben diese Seelen sich entschieden, wieder auf die Erde zu gehen und die Menschen das zu lehren - dass so etwas wie Tschernobyl nicht noch einmal auf der Erde passieren darf.

Das fünfte Seelenland ist der Sirius. Sirius - da habt ihr auch diesen Planeten. Aber es ist nicht der Sirius, den ihr da seht, von dem die Seelen kommen. Auch das Seelenland Sirius ist eine andere Welt, die parallel zu eurer Welt existiert.

Die Seelen vom Sirius bringen die Entwicklung und die Forschung mit - all das, was in nächster Zukunft passieren wird: das Lichtenergie-Auto, das Lichtenergie-Handy - all das kommt vom Sirius.

FRAGE: Du hast gerade wirklich gesagt, Lichtenergie-Auto und Lichtenergie-Handy?! Tatsächlich? Wie schön!

MICHAEL: Ja! All das kommt vom Sirius. Und es ist sehr gut, dass diese wundervollen Wesen von dieser Einheit des Sirius dieses Bewusstsein mit auf die Erde bringen: die Licht-Entwicklung.

FRAGE: Das heißt aber noch nicht die Licht-Nahrung?

MICHAEL: Die Licht-Nahrung ist ein anderer Prozess. Aber auch das ist eine Zeitqualität. Es geht immer mehr dahin, dass eure Nahrung euch nicht mehr schwächt - so wie jetzt -, sondern dass ihr sie wieder essen könnt, dass sie euch stärkt, die Nahrung.

FRAGE: Das heißt, es wird keine genmanipulierte Nahrung mehr geben?

MICHAEL: Ja. Oh, ja! Und das ist ganz wichtig!

FRAGE: Zu den Seelenländern: Du hast gerade das fünfte Land genannt. Sind Seelen aus diesen Ländern schon seit Anbeginn, seit es Menschen gibt, auf dieser Erde, oder inkarnieren sie sich erst seit bestimmten Zeiten - so wie es seit 1987 Delphin-und-Wal-Seelen auf der Erde gibt?

MICHAEL: Seit es Menschen gibt, kommen Seelen aus den Seelenländern. Bis 1987 waren es sechs Seelenländer, jetzt sind es sieben.
Das sechste Seelenland ist das der Plejaden. Seelen, die sich von den Plejaden inkarnieren, bringen sehr viele Symbole mit, alte Rituale, und auch das Wissen des Geistes um die Materie.

FRAGE: Muss unterschieden werden zwischen der materiellen Welt der Plejaden - denn sie gibt es ja auch als Materie - und der feinstofflichen Welt? Diese Bücher von den Außerirdischen, den Plejadern - ist das dasselbe, von dem du redest?

MICHAEL: Nein. Natürlich sind diese Sternengruppen besiedelt von Wesenheiten. Und ihr habt alle auch schon auf den Plejaden gelebt - um zu experimentieren, wie es ist auf diesen Planeten im Universum.

FRAGE: *Waren wir alle nur in diesem - unserem - Sonnensystem oder auch in anderen?*

MICHAEL: Ihr könnt auch in entferntere Sonnensysteme gehen. Das ist möglich.

FRAGE: *Geht jede Seele mal durch jedes Land?*

MICHAEL: Nein. Das kann sie sich aussuchen - welche Erfahrungen sie machen will, auf den Plejaden zu leben oder auf dem Sirius.

FRAGE: *Zu der Plejaden-Essenz hast du im Handbuch geschrieben, dass es die plejadische Chakra-Essenz ist. Haben die Plejader ein zusätzliches Chakra?*

MICHAEL: Ja; und darum geht es: um das Wissen des Geistes. Ihr sollt viel, viel mehr Zugang haben zu dem Wissen, das diese Seelen mitbringen - das Wissen über Rituale, über Symbole. Und dieses Wissen ist in diesem zusätzlichen Chakra der Plejader gespeichert. Dieses Chakra sitzt bei diesen Wesenheiten unterhalb des Kinns.

Das siebte Seelenland ist der Orion. Auch hier gibt es wieder den Planeten und das Seelenland Orion. Die Menschen, die vom Orion kommen, bringen Vertrauen auf die Erde. Sie haben das Bewusstsein, ihrem Herzen zu vertrauen. Und deshalb kommen sie, um den Menschen dieses Bewusstsein zu überbringen.

Würde jede Schule vorher wissen, wo die Seelen herkommen, dann gäbe es in diesen Einrichtungen keine Gewalt mehr. Nur noch Liebe, Annehmen und Verständnis würden herrschen.

Und da geht es wieder hin. Die neuen Schulen werden erkennen, was wirklich in den Kindern steckt: warum sie auf die Erde gekommen sind, aus welchem Seelenland sie gekommen sind. Diese Seelen werden schon sehr früh an das alte Wissen herangeführt, damit sie sich erinnern.

Die ersten vier Seelenländer harmonisieren von der Partnerschaft und der Beziehungsebene ganz besonders miteinander; ebenso die letzten drei.

FRAGE: Kannst du uns noch etwas sagen über die Lebensformen in den einzelnen Seelenländern? Zum Beispiel das Elfen- und Feen-Land - muss man sich das vorstellen, wie man sich Elfen- und Feen-Länder im Märchen vorstellt, mit Blumen ...?

MICHAEL: Ja, die Lebensformen sind dort tatsächlich so! Die Elfen und Feen leben in diesem Zwischenreich in dieser Form, wie ihr sie wahrnehmt. Und deshalb können ja auch Kinder so viele wundervolle Wesen sehen: Elfen, Feen, Gnome und Zwerge. Das ist alles niemals erfunden. Das ist wahr!

FRAGE: Kann jedes Kind Engel, Elfen und Feen sehen?

MICHAEL: Ja, das kann es. Mit dem Bewusstsein, mit dem es auf die Erde kommt, kann es Engel, Chakren, Auren sehen.
Und Kinder können ihre Engel sehen - so wie sie auch die Zwerge, Gnome, Elfen und Feen wahrnehmen.

FRAGE: Es vergisst das dann wieder?

MICHAEL: Dadurch, dass das Wissen auf eurer Erde verloren ging, vergisst es das wieder.
Aber das fängt schon bei der Geburtsform an: welche Geräte man einsetzt, ob Wehentropf oder nicht - denn das sind schon Verletzungen, die das Kind in seiner Wahrnehmung stören.

FRAGE: Also nicht jedes Kind, das geboren wird, sieht Engel, Chakren und Auren - aber es könnte sie sehen, wenn die Geburt entsprechend verlaufen wäre; das Potenzial ist aber erst mal da?

MICHAEL: Ganz genau. Das Potenzial ist da, bei jedem. Bei jedem von euch!

FRAGE: *Dann hätten wir ja die Chance im Leben, diese Begabung wieder zu entdecken?*

MICHAEL: Ja - sie wieder erwachen zu lassen...! Das Bewusstsein ändert sich jetzt auf der Erde. Auch das wird ein Teil der neuen Schul-Formen sein: dass wieder viel mehr eingegangen wird auf das Wissen dieser wundervollen Energie der Aura-Sichtigkeit, der Wahrnehmung. Ja. Das ist sehr wichtig.

Alle Seelen kommen in großer Freiheit auf die Erde. Alle. Sie suchen sich bewusst diese Inkarnationen aus, denn sie sollen erkennen - sie wollen heilen - sie wollen Liebe auf die Erde bringen.
Und wir versuchen, euch diese Möglichkeit erfahren zu lassen: dass ihr nicht nur in einer Welt lebt, sondern in ganz verschiedenen Welten und Ebenen. Es ist auch so wichtig für dieses Buch...

FRAGE: *...dass quasi alles gleichzeitig passiert, gleichzeitig abläuft... Ich frage jetzt mal ganz banal: Muss man sich das so vorstellen, dass die Zeit von beispielsweise 1900 parallel abläuft zu unserer Zeit - mit allem, was gewesen ist?*

MICHAEL: Es schwingt ja immer in euren Zellen weiter. Alles, was auf der Erde gewesen ist, schwingt

weiter. Alles. Deshalb durchläufst du ja im Mutterbauch die verschiedenen Stadien des Embryos. Das
betrifft einmal die Ausbildung der einzelnen
Chakren; doch auch alle Evolutions-Phasen sind in
deinen Zellen auf der Erde gespeichert - alle.

*FRAGE: Und all diese Evolutions-Phasen durchläuft das
werdende Kind im Mutterbauch - von der Schöpfung der Erde bis
zu der jetzigen Zeit, wo es sich inkarniert?*

MICHAEL: Ja. Alle. Deshalb ist alles gleichzeitig da.
Und deshalb kann alles gleichzeitig ablaufen - weil
alles gleichzeitig gespeichert ist. Nur dass sich das
Empfinden von Zeit auch in deinem Bewusstsein
verändert.

*FRAGE: Hat das auch mit der veränderten Wahrnehmung der
Frequenzen zu tun - es gibt doch diese Theorie, dass alles gleichzeitig wie auf einem Frequenz-Band gespeichert ist und wir das
bisher nur getrennt wahrnehmen konnten?*

MICHAEL: Trennung gibt es nur in eurem Verstand, niemals im Herzen. Im Herzen seid ihr von
keinen Epochen getrennt. Das Jetzt enthält alles.
Es kennt nicht Vergangenheit. Es kennt nicht
Zukunft. Es ist präsent. Und das ist Bewusstsein:
wirklich präsent zu sein. Wenn du präsent bist, ist
alles gleichzeitig da. Alles. Da ist kein Getrennt-
Sein, sondern nur noch Bewusst-Sein.

*FRAGE: Wie macht es der Verstand, dass diese Trennung über-
haupt passiert?*

MICHAEL: Durch Erfahrung, durch Verletzung,
durch gespeicherte negative Erlebnisse bringt der
Verstand euch in die Trennung. Vergangenheit -
eine vergangene Verletzung - existiert oft über
Jahre... über Jahre... über Jahre in eurem Körper.
Das Herz jedoch erinnert sich niemals an diese
Verletzung. Nur der Verstand.

*FRAGE: Bildet sich der Verstand schon im Embryo?
Ich kann mich ja auch an Dinge aus embryonalen Zeiten erinnern.*

MICHAEL: Zellen speichern die Entwicklung.

FRAGE: Und dadurch auch die Entwicklung des Verstandes?

MICHAEL: Erst wenn du Gedanken hast. Und die
hast du erst mit zwei Jahren. Wenn die Sprache
kommt, beginnen auch die Gedanken. Vorher bist
du zwei Jahre im Sein - erst dann beginnt das Denken.

*FRAGE: Und das heißt, dann bildet sich über die Zell-Informa-
tion mit dem Beginn des Denkens zeitgleich der Verstand - und vorher noch nicht?*

MICHAEL: Vorher bist du eins. Du nimmst alles wahr. Du entdeckst alles neu.

FRAGE: Und dieses Lernen der Babys?

MICHAEL: Das ist die Entwicklung, die automatische Entwicklung auf der Erde.

FRAGE: Und diese Erfahrung z.B.: ‚Ich werde im Zimmer allein gelassen' - ist das eine der Verletzungen, die sich auf der Körper-, auf der Zell-Ebene speichern und dann mit dem Verstand verbinden?

MICHAEL: ...und so werden schon die ersten Verletzungen gesetzt - wenn ihr euch erinnern könnt. Auch schon im Mutterbauch. Gibt es jetzt noch Fragen dazu?

FRAGE: Sind in den Zellen nur die eigenen Erfahrungen gespeichert? Wenn wir alle eins sind, dann muss ja in jeder Zelle alles an Erfahrungen gespeichert sein. Ist das so?

MICHAEL: Es gibt das Kollektiv-Bewusstsein. Es gibt das Kollektiv-Bewusstsein der weiblichen Energie, es gibt das Kollektiv-Bewusstsein der männlichen Energie. Zudem gibt es das Kollektiv-Bewusstsein der gesamten Erdbevölkerung.
Du kannst jederzeit aus diesem Kollektiv-Bewusstsein Informationen abrufen. Jederzeit.

Im Kollektiv-Bewusstsein der Frau ist alles gespeichert: alle Vergewaltigungen, die auf der Erde geschahen, all diese Verfolgungen und Verbrennungen - all das ist in dem Kollektiv-Bewusstsein der Frau gespeichert.

Deshalb ist es ja gerade jetzt, in dieser Zeit, so wichtig, dass sich die weibliche und die männliche Energie wieder verbinden, um zu heilen und zusammenzubringen, was getrennt war.

FRAGE: Das heißt, wir bestehen sowohl aus männlicher wie auch aus weiblicher Energie?

MICHAEL: Durch die Verschmelzung geht das ja gar nicht anders. Du entstehst durch die Verschmelzung von Mann und Frau; du hast männliche und weibliche Aspekte in dir.

Als Frau bist du mit dem großen Kollektiv-Bewusstsein der Frauen verbunden und als Mann mit dem großen Kollektiv-Bewusstsein der Männer.

FRAGE: Aber aus der Verschmelzung heraus habe ich in meinem Inneren auch männliches Kollektiv-Bewusstsein...

MICHAEL: Ja, auch. Doch bei dir als Frau überwiegt das weibliche Kollektiv-Bewusstsein - so wie bei den Männern das männliche Kollektiv-Bewusstsein überwiegt.

FRAGE: Wenn man aber als Frau neu inkarniert und war im letzten Leben männlich - wird diese männliche Erfahrung aus der alten Inkarnation gespeichert?

MICHAEL: Ja - doch in diesem aktuellen Leben bist du mit dem Kollektiv-Bewusstsein der weiblichen Energie verbunden.

Und mit jeder Energie, mit der ihr das Alte heilt, mit jedem Lichtkörper-Prozess, mit jeder Heilsitzung, die ihr euch gebt, verändert ihr das Kollektiv-Bewusstsein.

Mit jeder Therapie-Sitzung, die ihr euch gebt, verändert ihr das Kollektiv-Bewusstsein des Mannes oder der Frau. Und das ist wundervoll! Überlegt euch, welch wundervolle Arbeit ihr da für alle Menschen tut!

Es ist so wichtig, dass Männer und Frauen sich wieder verbinden: dass es keine Trennung mehr gibt, dass es kein ‚Gut' und ‚Schlecht' mehr gibt; dass es keine Macht-Strukturen mehr gibt zwischen Mann und Frau - damit die göttliche Einheit wieder fließen kann.

FRAGE: Durch diese Heil-Sitzungen verändern sich also das männliche und das weibliche Kollektiv-Bewusstsein und damit auch das globale Kollektiv-Bewusstsein?

MICHAEL: Ja.

FRAGE: *Ist das abhängig davon, ob ein Mann oder eine Frau die Therapie macht?*

MICHAEL: Wenn eine Frau ihre innere Frau heilt, heilt sie damit das Kollektiv-Bewusstsein der Frau. Dieser Heilungsprozess hat auch Auswirkungen auf den männlichen Energie-Anteil der Frau. Sie heilt also auch das männliche Potenzial. Und dadurch heilt sie auch das globale Gesamtsystem!

Alles, was Veränderung bringt durch Energie-Arbeit, durch Therapie, ist ein Geschenk für dieses Kollektiv-Bewusstsein. Alles.

FRAGE: *Das ist so fantastisch. Wenn man zum Beispiel eine Reiki-Sitzung gibt, um jemanden zu heilen oder ihm zu helfen, heil zu werden - mit einem ganz besonders starken Bewusstsein, damit auch anderen zu helfen: Wirkt das dann stärker?*

MICHAEL: Wenn du dich mit dem großen Bewusstsein verbindest, ja!

ANTWORT: *Es ist ein wunderschönes Gefühl, nicht nur diesem einen Menschen zu helfen, sondern auch dem gesamten Potenzial ...*

MICHAEL: Tut das. Ja.

In tiefer Liebe

Erzengel Michael

Channeling vom 06.08.2002

MICHAEL: Ich möchte euch die Definition, die Erklärung geben, was es wirklich heißt, ein Indigo-Kind zu sein. Es gibt so viele Erklärungen darüber und so viele Bücher auf der Erde.

Indigo-Kinder kommen durch den Indigo-Strahl. Diese Kinder des neuen Bewusstseins haben in jedem ihrer zwölf Seelen-Anteile eine Meisterseele. Deshalb sehen wir auch diese Fähigkeiten bei ihnen: Sie können durch Wände schauen, sie können durch Wände gehen, sie können Energien auf der Erde manifestieren; sie können dematerialisieren und materialisieren. Sie können alles durchschauen.

Der Name Indigo steht für die Klarheit und Essenz der zwölf Meister-Anteile. Eigentlich sollte es heißen ‚Indigo klar'. Indigo-Kinder sind Persönlichkeiten, die ihr ‚Könige' nennt auf der Erde. Sie verhalten sich wie Könige.

Und das bringt natürlich in der Familie, die sich diese Meisterseele zur Inkarnation ausgesucht hat, sehr viel Konfrontation. Sehr viel Konfrontation... Denn diese Kinder können nur von den Dingen überzeugt werden, an die sie auch glauben... Sie haben ihren eigenen Charakter, ihre eigene Stärke. Sie leben sehr oft das aus, was ihre Eltern nicht ausleben.

Diese Seelen tun sich natürlich sehr schwer mit der Materie, wie ihr sie auf der Erde habt; zum Beispiel auch mit dem Schul-System. Sie sehen genau das, was der Lehrer nicht lebt - sie sehen genau seine Schwächen, und sie leben diese Schwächen aus im Unterricht.

FRAGE: Das heißt, sie fungieren als Spiegel, und zwar nicht nur bei den Eltern, indem sie beispielsweise Krankheiten absorbieren - sie sind Spiegel für alle?

MICHAEL: Ja. Immer. Und das ist für die Menschen, die sich darauf nicht einlassen wollen oder können, sehr, sehr anstrengend. Indigo-Kinder akzeptieren nur das, wovon sie überzeugt sind.

Sie nehmen alles dreifach, fünffach wahr und poten-
zieren das natürlich: die gesamte elektrotechnische
und atomare Strahlung, Fernseh-Sendungen, Computerspiele, Comic-Figuren... Und ihr gebt diesen
Kindern Medikamente, um sie ruhig zu stellen... weil
ihr euer Spiegelbild nicht erkennen wollt... Es ist so
wichtig, diese Wesen voller Liebe und Schönheit auf
der Erde willkommen zu heißen, damit sie ihr Vertrauen in sich nicht verlieren.

Indigo-Kinder können sich aus allen sieben Seelenländern inkarnieren, nicht nur aus einem; aus allen.
In Europa inkarnierten sich 1960 zum ersten Mal
Indigo-Kinder, damals noch vereinzelt. In der jetzigen Zeit kommen viele Indigo-Kinder auf die Erde,
um diesen großen Prozess des Aufstiegs mitzuerle-
ben und zu erleichtern.

Jedoch nicht alle Kinder, die jetzt geboren werden,
sind auch Indigo-Kinder! Das nicht. Doch wenn
Indigo-Kinder in eurem Umfeld sind, dann lasst
euch auf sie ein. Sie sind sehr gute Lehrer.

Die Farbe Indigo-Blau wurde früher dem 6. Chakra
zugeordnet. Jetzt hat sich die Energie dieser Farbe
verändert. Sie ist nicht mehr die Farbe des 6. Chakra.

*FRAGE: Welche Farbqualität hat jetzt dieses Chakra, wenn das
Indigo-Blau nicht mehr zugeordnet wird?*

MICHAEL: Welche Farbe siehst du?

FRAGE: Spontan sehe ich Silber. Wobei ich jetzt das Gefühl habe, es ändert sich… Heißt das, alle Farben haben sich geändert?

MICHAEL: Es ändert sich ständig alles in eurem Bewusstsein. Immer! Das ist ein ständiger Transformationsprozess…
Ihr könnt mit jedem eurer Gedanken die Farben eurer Chakren und eurer Aura verändern. Mit jedem Gedanken ist dann auf einmal eine andere Farbe da…

Ich gebe euch Gedanken und Gebete für die Indigo-Kinder und für die Eltern von Indigo-Kindern:

Meine geliebten Indigo-Kinder,
fühlt euch frei, das zu leben, wofür ihr auf die Erde gekommen seid. Erkennt in jedem Moment, dass euer wundervoller Planet Erde lichter und lichter wird.

Gebet für die Indigo-Kinder:

Ich bin als Indigo-Kind auf den Planeten Erde gekommen, um den Menschen zu zeigen, dass die Wahrheit des Herzens Liebe ist. Ich danke an jedem Tag für dieses göttliche Bewusstsein und bitte darum, dass jedes Indigo-Kind verantwortungsvoll von den großen Menschen begleitet wird.

Meine geliebten verantwortungsbewussten Eltern, durch euch ist das größte Geschenk Gottes, ein Indigo-Kind, zu euch gekommen. Es ist das Vertrauen, das Gott in euch setzt, dieses Indigo-Kind verantwortungsvoll und voller Liebe durch das Leben zu begleiten.

Gebet für die Eltern:

Wir Eltern sind voller Dankbarkeit und bitten darum, in jedem Moment richtig und aus dem Herzen heraus zu handeln. Wir bitten um Vertrauen, dieser großen Aufgabe gerecht werden zu können und immer in Liebe für das Kind da zu sein.

FRAGE: Du hast vorhin von dem Indigo-Strahl gesprochen. Was können wir uns darunter vorstellen?

MICHAEL: Der Indigo-Strahl ist ein Bewusssteins-Strahl; nur durch ihn ist es den Meisterseelen-Anteilen möglich, zur Inkarnation auf die Erde zu gelangen.

FRAGE: Sind denn alle 12 Seelen-Anteile Meister-Anteile?

MICHAEL: Ja, es sind Anteile verschiedener Meister, die aufgestiegen sind. Sie können sich nur durch den

Indigo-Strahl auf der Erde inkarnieren. Die Indigo-Kinder haben diese Meister-Schwingung.

FRAGE: Warum gerade 12 Seelen-Anteile?

MICHAEL: 12 ist die Zahl der Vollendung. Es gibt 12 Chakren, und so gibt es auch 12 Seelen-Anteile, denn in jedem der 12 Chakren sitzt ein Seelen-Anteil.

In der Mythologie, in der Geschichte eurer Erde, ist die 12 eine Zahl, die euch zu Gott führt. Die 12 ergibt nummerisch die 3 - die Einheit von Körper, Geist und Seele; die Einheit von Gottvater, Gottes Sohn und Heiligem Geist, wie die Kirche es benutzt. Und deshalb 12 Seelen-Anteile.

Ihr kommt mit 12 Seelen-Anteilen auf die Erde. Deshalb habe ich der Erde für 2002 diese Essenz gegeben: ‚Die Seelen-Anteile kommen zurück in den Körper‘.

Diese Essenz steht euch auch nach dem Jahre 2002 immer zur Verfügung. Ich gebe euch zwar für jedes Jahr eine neue Essenz, doch alle anderen bleiben erhalten. Es ist nämlich nicht im göttlichen Plan, dass sie verschwinden ...!

FRAGE: Was genau ist eigentlich eine Meisterseele?

MICHAEL: Es ist der Seelen-Anteil eines Meisters. Ihr hört zum Beispiel, Maria habe sich inkarniert - es kann jedoch sein, dass sich Maria millionenfach auf der Erde inkarniert mit ihrer Meister-Energie.

FRAGE: Also nicht nur zwölffach, sondern millionenfach?

MICHAEL: Ja! Die Meister können sich mit ihren Anteilen in unendlicher Zahl auf der Erde manifestieren. Sie brauchen dazu aber diesen Indigo-Strahl.

FRAGE: Das ist ja interessant! Das heißt also, in den Indigo-Kindern können Anteile von Maria oder von Kuthumi oder von anderen Meistern zigfach vorhanden sein?

MICHAEL: Ja - und das macht diese Energien ja so stark!

FRAGE: Beim Lichtkörper-Prozess wurde mir gesagt, in meinem 12. Seelen-Anteil seien drei Meister mit drin. Ist das so, und warum ist das so?

MICHAEL: Du hast in deinem 12. Seelen-Anteil drei Meister-Anteile. Das ist bei jedem Menschen so. Diese Meister-Anteile begleiten dich durch das Leben. Es sind deine spirituellen Führer auf der Erde. Die Indigo-Kinder haben in jedem ihrer Chakren einen Meister-Anteil. Im 12. Chakra sind es dann drei Meister-Anteile - so wie bei allen anderen Menschen auch.

FRAGE: Ist es für die Indigo-Kinder leicht, ein so besonderer Mensch zu sein?

MICHAEL: Zurzeit noch nicht. Sie werden ja noch immer sehr stark ausgegrenzt in Deutschland, in eurer Gesellschaft. Doch es werden immer mehr Schulen kommen, die sich darauf vorbereiten, mit solchen Kindern umzugehen und zu arbeiten.

FRAGE: Fühlen sich die Indigo-Kinder wirklich richtig als Kinder, oder fühlen sie ihre Besonderheiten? Sind sie bereits erleuchtet oder müssen sie sich erst entwickeln? Wie kann man sich das vorstellen?

MICHAEL: Es ist beides. Sie haben das Wissen - aber durch die Erziehung der Eltern und die gesellschaftlichen Umstände vergisst das Kind, mit welchem Bewusstsein es auf die Erde kam.

FRAGE: Diese Kinder erkennen doch aber sicher ganz schnell ihre Begabungen, wenn sie erst einmal wieder Zugang zu ihrem Wissen haben?

MICHAEL: Ja.

In tiefer Liebe

Erzengel Michael

Die spirituellen Einweihungen

MICHAEL: Und da sind wir auch schon bei unserem Thema: die Spirituelle Geburt.
Mit ‚Spiritueller Geburt' sind die Einweihungen gemeint, die ihr bekommt im Laufe eures Lebens. Sie können euch mehrfach gegeben werden: aus dem Kosmos als spirituelle Einweihung durch Engel, aber auch durch Meister aus der geistigen Welt. Doch es können auch Einweihungen geschehen durch Meister, die auf der Erde leben.

FRAGE: Ist einem das bewusst, wenn man von Engeln oder geistigen Meistern eine Einweihung bekommt?

MICHAEL: Ihr könnt es spüren. Nicht jeder Mensch nimmt es wahr, aber es geschieht: Alle sieben Jahre bekommt ihr automatisch aus der geistigen Welt eine Einweihung.

FRAGE: Hat das auch etwas mit den astrologischen Jahresrhythmen und den Planetenkonstellationen zu tun?

MICHAEL: Ja. Es ist alles eins – ihr seid alle Teil dieses Kosmos und des göttlichen Planes. Mit jeder Zelle. Deshalb gibt es alle sieben Jahre eine Einweihung aus der geistigen Welt.

FRAGE: *Kannst du uns ein Beispiel geben, damit uns das alles etwas deutlicher wird?*

MICHAEL: Eine Einweihung ist eine Öffnung. Durch diese Einweihung wirst du geöffnet für die Dinge, die dir noch nicht wirklich bewusst sind.

Die erste Einweihung ist deine Geburt auf dieser Erde.

Ich habe es bereits in früheren Gesprächen gesagt, wie wichtig es ist, in welcher Form ihr auf die Erde kommt, in welcher Atmosphäre ihr geboren werdet.

Dies ist die erste Einweihung: durch das Tor zu gehen – aus dem behüteten, geschützten Sein im Mutterleib hinauszugehen in die Welt. Es ist die erste Einweihung, den Körper anzunehmen – in Liebe und in Freude anzunehmen.
Schaut, wie bedingungslos ein Kind auf die Erde kommt. Einfach so… nackt… es ist ganz einfach da…!

Das war die erste Einweihung, die ihr bekommen habt: aus dieser Geborgenheit hinauszutreten in die

Welt und trotzdem da zu sein. Präsent zu sein. Ihr wart alle präsent! Alle!

FRAGE: Was passiert mit Kindern, die wie ich zu früh und mit der Zange geboren wurden? Wo ist da die Qualität der Einweihung? Wird sie verdrängt durch diese Art der Geburt?

MICHAEL: Nein. Die Einweihung ist in deinen Zellen gespeichert. Die Einweihung ist allein die Tatsache, dass du auf die Erde gekommen bist. Auch wenn du durch diese Techniken geboren wurdest, hast du doch diese bedingungslose Liebe in dir getragen. Das ist die Einweihung: diese bedingungslose Liebe in dir zu behalten.

FRAGE: Sollen Kinder, die durch Kaiserschnitt oder Zange oder Saug-Glocke oder andere Techniken geboren wurden, spezielle Essenzen nehmen, damit ihnen diese Einweihung wieder bewusster gemacht wird?

MICHAEL: Es wäre gut, für diese erste Einweihung die Gold-Essenz zu nehmen.

Die zweite Einweihung geschieht mit sieben Jahren.

Es ist eine Einweihung in die Freiheit. Wir geben den Kindern die Freiheit, mehr für sich zu sein und Vertrauen in sich zu haben.

In eurem Zeitsystem beginnt mit sieben Jahren das Lernen. Und es beginnt die Zeit, in der die Freiheit beschnitten wird. Deshalb gibt es die Einweihung in die Freiheit: damit die Kinder nicht alles glauben, was man ihnen erzählt! Denn es ist sehr wichtig, dass sie ihr Potenzial behalten!

FRAGE: Wenn jeder Mensch diese Einweihung bekommt oder bekommen hat: Wieso wird uns dann gesagt, wir haben gefälligst das zu glauben, was die so genannten Autoritätspersonen uns sagen oder uns antun durch Liebesentzug und Gewalt - was passiert denn dann mit der Einweihung, wird sie dadurch hinfällig oder zerstört?

MICHAEL: Diese Einweihung ist immer da. Sie ist in den Zellen gespeichert. Eure Zellen sagen euch: Da ist mehr! Ihr könnt diese Entwicklung unterstützen mit der ‚Freiheits'-Essenz.

Die nächste Einweihung ist mit 14 Jahren. Es ist die Einweihung in den Frieden.

FRAGE: Genau in der Pubertät, in dieser wilden Zeit, geschieht die Einweihung in den Frieden...?!

MICHAEL: Ja! Genau dann ist die Einweihung in den Frieden - um euch klar zu sagen: Wir sind da. Dieser Frieden ist in den Zellen gespeichert.

Viele, viele Menschen wären nicht mehr auf der Erde, wenn sie diese Einweihung nicht bekommen hätten. Die Pubertät ist die schwierigste Zeit... In der Entwicklung zu sein zwischen Kind und Mann oder Frau und nicht zu wissen, wo man steht in dieser Zeit zwischen dem 14. und 21. Lebensjahr...

Deshalb geben wir euch die Einweihung in den Frieden. Das ist eine Initialzündung. Es kommen die ersten Kontakte mit dem Weiblichen und Männlichen, mit der Sexualität... Wenn ihr in dieser harten Gesellschaft, die euch prägt, nicht diese Einweihung zum Frieden hättet, würden viele, viele Seelen ihren Körper aus eigenem Entschluss wieder verlassen.

Es ist an der Zeit, dass dieses Wissen endlich auf die Erde kommt: Erkennt, wie ihr getragen seid, wie ihr geschützt seid!

Habt Vertrauen! Wir aus der geistigen Welt tun wirklich alles, um euch das Leben so leicht und angenehm wie möglich zu machen. Wir begleiten euch, und wir sind wirklich immer da für euch!

FRAGE: Kann ich diese Entwicklungszeit auch mit der Friedens-Essenz unterstützen?

MICHAEL: Ja. Und ihr könnt auch die Gold-Essenz mit dazugeben.

FRAGE: Geschehen diese Einweihungen immer genau an den Geburtstagen?

MICHAEL: Nicht immer ganz genau an diesem Tag, aber ungefähr in diesem Zeitraum.

ANTWORT: Wenn ich so zurückblicke... Ich habe in meinem Leben alle sieben Jahre bestimmte Impulse bekommen und dadurch auch mein Leben immer wieder verändert...

MICHAEL: Ja – das geschah durch diese Einweihungen.

FRAGE: Manchmal kommen Entwicklungen aber auch später, etwa erst nach 14 Jahren. Heißt das, die Einweihung sieben Jahre vorher war nicht so prägend?

MICHAEL: Es heißt, dass diese Zeit gebraucht wurde. Die Einweihungen erfolgen immer. Wir nehmen sie niemals zurück.

Wenn ihr 21 Jahre alt seid, kommt die vierte Einweihung.

Es ist die Einweihung in die Freude. Hier geht es darum, das Erlebte aus den sieben Jahren des Friedens (von 14 bis 21) in die Freude zu transformieren: selbständig zu leben, selbständig zu handeln, selbständig zu sein. Es geht darum, in Freude sein ‚Ich' zu erkennen. Das ist die Einweihung in die Freude.

ANTWORT: Und bei uns auf der Erde fängt dann noch einmal der Ernst des Lebens an... Es ist nicht zu fassen, wie konträr das alles verläuft!

MICHAEL: Ihr seht hier, was ihr lebt - und was ihr bekommt... Aber dieses Bewusstsein wird sich ändern. Es wird sich ganz stark ändern - auch dadurch, dass ich dieses Wissen auf die Erde gebe.

FRAGE: Und mit welcher Essenz kann ich hier unterstützen?

MICHAEL: Mit den Essenzen ‚Das innere Kind' und ‚Delphin'. Nehmt diese beiden. Es geht hier um das Spielerische, um die Verspieltheit.

Alle Menschen auf der Erde erhalten all diese Einweihungen. Alle.

Die fünfte Einweihung geben wir euch, wenn ihr 28 seid.

Es ist die Einweihung in das ‚Geschehenlassen'. Diese Einweihung bedeutet: Die Freude bringt euch in das Vertrauen des Geschehenlassens.

Nehmt hier die Essenz ‚Sai Baba'.

FRAGE: Warum nicht die Essenz ‚Loslassen' - denn Geschehen-lassen heißt ja eigentlich, loslassen zu können?

MICHAEL: Ja - doch hier geht es darum, eure inneren Prozesse geschehen zu lassen. Und es geht darum, geschehen zu lassen, was im Außen geschieht. Ihr sollt es geschehen lassen ohne jede Bewertung! Das kannst du nur, wenn du deine Göttlichkeit erkennst. Und ‚Sai Baba' ist die Essenz ‚Finde deine Göttlichkeit, entdecke deine Göttlichkeit'.

ANTWORT: Das ist ja auch astrologisch wieder sehr interessant: In dieser Lebenszeit ist der Saturn rückläufig, und die astrologischen Lebensthemen sind Bewertung, Schuld und Energie ...

MICHAEL: ...ja - und deshalb diese Einweihung ‚Geschehenlassen'! Alles ist im kosmischen, im göttlichen Plan.

ANTWORT: Ich denke gerade darüber nach - wie schön wird es sein, wenn sich das alles innen und auch außen tatsächlich manifestieren wird auf unserer Erde ...

MICHAEL: ...und dieses Buch setzt euch dafür ein Zeichen. Es ist das erste Zeichen, das ihr bekommt und das euch sagt: Es wird sich alles ändern.
Die sechste Einweihung geschieht euch mit 35.
Es ist die Einweihung in die Klarheit. Alles, was ihr bis dahin erlebt habt in eurem Leben, kann euch im Grunde auch zur Klarheit führen. Doch mit dieser Einweihung erhalten eure Zellen spezifische Informationen zur Klarheit.

FRAGE: ...und wenn man in dieser Zeit zum Beispiel Drogen konsumiert, dann steuert man dieser Klarheit wieder entgegen...?

MICHAEL: Ja. Aber seht, wie euer ganzes Gesellschaftssystem aufgebaut ist - die, die Macht ausüben, wollen ja gar nicht, dass ihr Klarheit lebt. Sie wollen, dass ihr euch vernebelt - mit Alkohol, mit Tabak, mit Medikamenten. Das soll euch gefügig und manipulierbar machen.

ANTWORT: Ja - ich kann mich erinnern, mit 40 wurde mein Konsum von solchen Dingen immer weniger - und dann hatte ich eine Kraft wie noch nie ... Seither lebe ich mein Leben sehr bewusst ...

MICHAEL: ...ja, da hast du sie endlich zugelassen, diese Einweihung! Klarheit kommt immer in euer Leben.

Wie wundervoll, dass ihr das miterleben und nachvollziehen könnt, was Erzengel Michael euch sagt; dass ihr von euch selbst noch wisst, was in diesen Lebensabschnitten mit euch geschah.

Allen Menschen, die dieses Buch lesen, wird ein Licht aufgehen. Klarheit kommt in euer Leben!

Die siebte Einweihung ist mit 42.

Es ist die Einweihung in das Verstehen: in das äußere Verstehen und in das innere Verstehen.

FRAGE: Und welche Essenz empfiehlst du für diesen Lebensabschnitt?

MICHAEL: Die Essenz ist ‚Gabriel' – ‚Gnade mit sich und anderen', und das heißt: verstehen, wirklich verstehen.

ANTWORT: Es ist eine große Erleichterung, wenn man nicht mehr so viel beurteilen muss ... Aber es ist doch auch so: Ich mit meinen jetzt 50 Jahren habe ja bereits ganz andere Entwicklungen und dadurch auch Einweihungen hinter mir als beispielsweise meine 18-jährige Tochter oder Freunde, die zehn oder mehr Jahre jünger sind ...

MICHAEL: Ja – und mit diesem Wissen, das du jetzt hast, kannst du ganz anders auf diese Menschen eingehen! Du kannst sie und ihre Verhaltensweisen verstehen!

Es gibt diese sieben Einweihungen. Und diese Einweihungen wiederholen sich: Mit 49 bekommst du wieder die erste Einweihung.

FRAGE: Tatsächlich? Wieso das?

MICHAEL: Es ist so! Mit 49 erhältst du die Einweihung des Ankommens in die absolute, bedingungslose Liebe.

Deshalb passiert bei den meisten Menschen zwischen dem 49. und dem 56. Lebensjahr ungeheuer viel. Sie erleben oft heftige Krankheiten - deshalb, weil sie die vorherigen Einweihungen nicht bewusst erlebt haben und nicht das leben, was sie eigentlich leben wollen und sollen.

FRAGE: Und mit der Wiederholung der ersten Einweihung manifestiert sich dieses Missverhältnis zwischen dem, was gelebt werden sollte (von der Einweihung her), und dem, was unterdrückt und nicht gelebt wurde, als Krankheit?

MICHAEL: Es manifestiert sich unter anderem als Krankheit. Wenn ihr euch fragt, warum die meisten Menschen zwischen 49 und 56 Jahren krank werden... Es ist so, weil etwas manifestiert wird.

ANTWORT: Mir ist aufgefallen, dass in meinem Bekanntenkreis auffallend viele Menschen in diesem Alter an Herztod oder Unfällen sterben ...

MICHAEL: Das ist die Wiederholung der ersten Einweihung. Der Kreis beginnt von neuem - sie erhalten eine neue Chance!

ANTWORT: Sie erhalten doch aber auch durch die Krankheit eine neue Chance. Es muss ja nicht gleich der Tod sein; die Krankheit ist ja ebenfalls eine Chance zur Veränderung...

MICHAEL: Oh, ja! Sie ist eine Chance, Dinge aufzulösen.

Es gibt Institutionen auf der Erde, die sich dieses Wissen um die Einweihungen in den verschiedenen Lebensphasen angeeignet haben und es praktizieren: Es gibt die Taufe, die Kommunion, die Konfirmation, die Firmung... Aber das sind Rituale, die mit dem göttlichen Plan nichts zu tun haben. Sie sind von Menschen gemacht. Es gibt irdische Einweihungen durch spirituelle Meister - durch Menschen, die das Wissen um die Göttlichkeit haben. Doch die sitzen nicht in Kirchen - oh, nein!

FRAGE: Habe ich das richtig verstanden?: Die Spirituelle Geburt vollzieht sich durch die Einweihung?

MICHAEL: Ja. Durch die kosmische Einweihung, aber auch durch irdische Einweihung. Diese sieben kosmischen Einweihungen, die ich euch gerade erklärt habe, geschehen immer. Ob du das willst oder nicht - du wirst in diesen beschriebenen Lebensphasen eingeweiht.

Auch die irdischen Einweihungen, die du durch Meister erhältst – ganz gleich, ob Reiki-Meister oder andere, die dir auf deinem Lebensweg begegnen –, sind ebenfalls Spirituelle Geburt. Der Unterschied ist, dass Einweihungen durch irdische Meister auf eurem freien Willen basieren. Diese Rituale geschehen nur dann, wenn ihr das wollt, wenn ihr euch in eurem Herzen sicher seid. Auch der Lichtkörper-Prozess ist eine große Einweihung, eine irdische Einweihung.

ANMERKUNG: Mehrere Team-Mitglieder erinnerten sich daran, dass sie in bestimmten Lebensphasen – mit 28, mit 35, mit 42 – gravierende Veränderungen in ihrem Leben erfuhren.

MICHAEL: Ja – ihr seid up to date gewesen!!!

Eine irdische spirituelle Einweihung könnt ihr bereits erfahren, wenn ihr im Energiekreis eines Schamanen oder eines Meisters wie Sai Baba oder Babaji seid.

FRAGE: Man muss also gar nicht erst ein Jünger werden, um zu dieser Einweihung zu gelangen – es reicht allein die Gegenwart?

MICHAEL: Ja. Das reicht schon. – Wenn ihr Schamanen trefft, wenn ihr zu alten Schamanen-Stämmen geht: Hier erhalten die Menschen Einweihungen von den Stammesältesten. Damit wird der spirituelle Weg geebnet; das Wissen kann besser übermittelt werden.

Das Erlebnis einer Reinigung in einer schamanischen Schwitzhütte ist eine Einweihung; eine Reise zu einem Kraft-Tier ist eine Einweihung, denn ihr verbindet euch so mit dem großen Sein.

FRAGE: Wenn ich ein Bild habe von einem Meister und ich verbinde mich mit dem Bild und spüre, wie Kräfte und Schwingungen fließen - kann ich das ebenfalls als Einweihung sehen?

MICHAEL: Ja! Ganz genau so ist es.

FRAGE: Sind diese irdischen Einweihungen eigentlich begrenzt - zum Beispiel auf sieben oder auf zwölf?

MICHAEL: Die geistige Welt gibt euch sieben Einweihungen. Irdische Einweihungen könnt ihr unendlich viele erhalten.

FRAGE: Wenn ich zum Beispiel an einem bestimmten Ort bin und dort wie aus heiterem Himmel plötzlich eine ganz klare Erkenntnis bekomme - ist das auch so etwas wie eine Einweihung?

MICHAEL: Ja. Auch das ist eine Einweihung! Die Energie, die an diesem Platz ist, hat dich eingeweiht.

FRAGE: *Ist das auch der Grund, warum ich und viele andere Menschen auch zu Channelings gehen?*

MICHAEL: Ja - denn jedes Channeling ist eine spirituelle Einweihung, eine Spirituelle Geburt! Jedes Channeling!

FRAGE: *Dann kann man ja hier auf Erden unendlich oft eingeweiht werden...! Wird man da immer wieder in neue Dinge eingeweiht - oder ist das wie so ein Pool aus Freiheit - Frieden - Klarheit - Göttlichkeit, aus dem man immer wieder auf einer anderen Ebene eine neue Einweihung erfährt?*

MICHAEL: Ja, so kannst du es sehen.

FRAGE: *Ich bin gerade ganz sprachlos ... Ich habe ja viele Meditationsgruppen geleitet; zum Beispiel über Kontakte zum Höheren Selbst, zum innersten Raum - dann sind das ja alles Einweihungen, die diese Menschen erleben? Ich fühle mich bei jeder Rückführung, die ich begleiten darf, immer mehr und mehr im Kontakt mit der geistigen Welt. Und das sind alles Einweihungen?*

MICHAEL: Ja, das ist so. - Ich suche auch bei den öffentlichen Channelings immer das Thema aus, das gerade im Raum steht - was gerade die Herzen erkennen möchten. Wenn ich zum Beispiel über das Thema „authentisch sein" spreche, dann werden all diese Menschen, die mir zuhören, eingeweiht in „authentisch sein"! Die Menschen werden immer in das Thema eingeweiht, das gerade ansteht. - Das

Kamasha-Team erhält mit jedem Buch-Channeling ebenfalls eine Einweihung.

FRAGE: Bitte erkläre uns doch, wie diese spirituellen Einweihungen erfolgen. Was geschieht dabei?

MICHAEL: Diese Einweihungen geschehen in eurem Bewusstsein, und zwar, wenn ihr aus eurem Körper geht: Wenn ihr schlaft, geht eure Seele ja aus eurem Körper. In der Zeit, während sie den schlafenden Körper für ihre Reise verlassen hat, geschehen diese Einweihungen.

FRAGE: Und auf der Seelen-Ebene bin ich mir dessen auch bewusst?

MICHAEL: Ja. Die Informationen aus diesen Einweihungen bringt die Seele bei ihrer Rückkehr in euren Körper mit. Und diese Informationen gehen in die Zellen über.

Deine Seele wird eingeweiht mit Farben, mit Energien, mit Düften, an die du dich auch erinnern kannst. So kann es geschehen, dass ihr am Morgen, wenn ihr aufwacht, wundervolle Düfte wahrnehmt.

FRAGE: Können wir eigentlich etwas dazu beitragen, damit wir uns an solche außerkörperlichen Erlebnisse oder Einweihungen erinnern können?

MICHAEL: Nehmt die Essenzen, die passend zu den Einweihungen sind. Dann könnt ihr euch auch wieder erinnern! Diese Essenzen lösen die Zellinformationen des Erinnerns aus.

FRAGE: O.k., das gilt für die vergangenen Einweihungen. Aber ich möchte auch die künftigen, die neuen Einweihungen und außerkörperlichen Erlebnisse während der Nacht bewusster in mein tägliches Leben integrieren. Gibt es da eine Möglichkeit, die Erinnerungen zu unterstützen?

MICHAEL: Es ist die Nirdosh-Essenz. Sie bringt dich in Kontakt mit höheren Schwingungen.

ANTWORT: Die nehme ich zufällig gerade, obwohl ich das nicht wusste...

MICHAEL: Dann bist du auf dem richtigen Weg!

FRAGE: Ich werde oft während meiner Beratungen von Menschen gefragt: ‚Woran erkenne ich denn einen irdischen Meister? Wer kann mich denn einweihen?'

MICHAEL: Wenn dein Herz pulsiert, wenn dein Herz ja sagt, dann ist es der richtige Meister, der dich über eine Technik, ein Ritual initiieren kann. Höre auf dein Herz - höre, ob dein energetisches Herz, deine innere Stimme, wirklich uneingeschränkt ja sagt. Dann ist es der richtige Weg.

FRAGE: Ich verstehe, dass es hier um Intuition geht, um Fühlen - aber pulsiert auch das physische Herz stärker?

MICHAEL: Ja! Und wenn du spürst, dass von diesem Meister nur bedingungslose Liebe kommt - dann, nur dann ist es der richtige.

FRAGE: Bei einem Meister, den ich einmal getroffen habe, konnte ich uneingeschränkt ja sagen. Bei einem anderen, der ein mindestens genauso großer Meister für zahllose Menschen ist, konnte ich das nicht. Heißt das: Nur dann ist der Meister für mich der richtige, wenn ich persönlich uneingeschränkt ja sagen kann?

MICHAEL: Nur der, bei dem du die Resonanz fühlst, ist für dich der richtige Meister. Du musst dich nicht schlecht fühlen, wenn du jemanden nicht als deinen Meister akzeptieren kannst - nein! Es geht ausschließlich um deine eigene Resonanz, um dein Fühlen, um dein Herz, das uneingeschränkt ja sagen muss.

FRAGE: Könnte ich von dir während eines privaten Channelings erfahren, wer mein persönlicher Meister ist?

MICHAEL: Du kannst mich fragen - aber es würde dich begrenzen! Du kannst doch viele Meister haben, nicht nur einen! Beschränke dich nicht!
Dein Bewusstsein verändert sich ja auch. Das heißt, du bekommst die Chance, immer wieder neue Meister zu finden.

ANTWORT: Es ist auch nicht gut, und ich lehne das ab, dass einer allein mein ständiger Meister sein will. Das riecht mir sehr nach Ausüben von Macht.

MICHAEL: Niemals sollt oder müsst ihr lernen, die Hingabe zu einem einzigen Meister zu leben!
Ein wahrer Meister zeigt euch immer nur, dass ihr selbst eure eigenen Meister seid.
Daran könnt ihr den wahren Meister erkennen: dass er niemals abhängig machen will - weder von sich noch von euch.

FRAGE: Ich hatte einmal einen Meister, dem ich heute noch - nach so vielen Jahren - nicht vergeben kann, auf den ich teilweise noch Wut habe: Ich hatte das Gefühl, er will mich von sich abhängig machen. War dieser Mensch nun ein Meister oder nicht?

MICHAEL: Auch Meister haben unterschiedliche Einweihungswege. Deshalb gibt es auch 12 Erleuchtungsstufen. Der Meister muss lernen, die Hingabe zu Gott zu leben. Das sind Entwicklungsstufen. Er war ein Meister, aber in seinem damaligen Bewusstsein noch begrenzt. Heute ist er anders - durch diese Entwicklungsstufen.

FRAGE: Ein irdischer Meister muss also nicht bereits alle Erleuchtungsstufen erreicht haben ...?

MICHAEL: Nein! Das muss er nicht!

FRAGE: Das heißt also auch, wenn ich einem irdischem Meister begegne, der auf der 2. oder 3. Erleuchtungsstufe steht, dann ist das die Resonanz auf meine persönliche Zeitqualität – auf meine eigene Entwicklungsstufe?

MICHAEL: Ja, ganz genau so ist es. Und ihr entwik-kelt euch miteinander und aneinander, wenn ihr euch begegnet.

Habt Vertrauen in euch – in euch selbst. Denn dann kann alles geschehen, wenn ihr euch vertraut. Wenn ihr ja sagt zu euch.

In tiefem Frieden

Erzengel Michael

Visionen des Lebens auf der Erde

Channeling vom 13.08.2002

Füreinander auf der Erde da zu sein ist die eigentliche Vision des Lebens auf der Erde: dass eine große Familie auf die Erde kommt mit dem Bewusstsein, füreinander da zu sein, aufeinander aufzupassen, sich gegenseitig zu unterstützen.
Das ist die eigentliche Vision jeder Seele, die auf die Erde kommt.

FRAGE: Warum haben sich die Seelen den Planeten Erde ausgesucht?

MICHAEL: Weil es der Planet der Schönheit ist. Nirgendwo auf einem anderen Planeten erlebst du so eine Schönheit der Materie wie auf der Erde.

FRAGE: Wie ist die Evolution hier entstanden? Wir haben darüber diskutiert, woher wir stammen – in welcher Form hat die Seele auf dem Planeten Erde erstmals inkarniert?

MICHAEL: Alles begann im Meer. Das erste Leben auf der Erde kam vom Sirius. Das allererste Leben ist im Meer entstanden. Und aus diesem Leben im Meer hat sich dieses Bewusstsein entwickelt, das ihr jetzt habt.

FRAGE: War das jeder Seele ursprünglich klar? Am Anfang ist ja dieses Wissen: O.k., ich gehe jetzt auf die Erde, um ganz am Anfang im Meer anzufangen, um mich dann irgendwann so weit zu entwickeln - über alle Stadien hinaus, über Egoismus, über Kriege - bis zu diesem Füreinander-da-Sein, um dieses Mitfühlen, diese Liebe zu leben. Und darüber steht diese Entwicklung zum göttlichen Bewusstsein?

MICHAEL: Und das ist das Wundervolle: Ihr habt diese Chance, euch wieder zu erinnern, warum ihr auf der Erde seid - um füreinander da zu sein!

FRAGE: Wie verträgt sich dann damit dieser Egoismus, den man ja auch erlernen sollte - nämlich sich nicht nur für andere aufzuopfern, das Helfersyndrom abzulegen -, wie vereinbart sich das mit der Aufgabe, füreinander da zu sein? Worum geht es da genau?

MICHAEL: Es geht um dich. Es fängt immer bei dir an. Wenn du dich für dich selbst öffnest, erst dann kannst du dich für das Außen öffnen. Wie Jesus immer sagt: In dem Maße, in dem du dich liebst, kannst du andere lieben. Und das ist die Essenz, das ist die Vision für die Erde!

ANTWORT: Das haben viele missverstanden.

MICHAEL: Oh, ja! Auch dass ihr Menschen euch als höchste Inkarnation auf der Erde seht – und ihr haltet euch für die höchste Inkarnation –, auch das ist nicht die Wahrheit.

Es kommt erst das Mineralreich, die ganzen Kristalle – das sind die am höchsten entwickelten Wesen auf der Erde! Dann kommen die Tiere mit ihrer Seele, mit ihrem Bewusstsein. Erst dann kommen die Menschen.

ANTWORT: Das ist ja ein Ding! Du zerstörst da gerade sehr viel Scheinwissen!

MICHAEL: Ja! Wenn ihr die Schönheit der Kristalle seht: diese Stille, diese Schönheit, dieses Leuchten – Millionen Jahre immer in diesem Bewusstsein ... Das ist ein viel höheres Bewusstsein!

Und es muss endlich ein Ende haben mit den Tierversuchen auf der Erde. Diese Versuche müssen endlich aufhören. Es wird so viel Kollektiv-Bewusstsein zerstört dadurch. Tiere sind so klar und so bewusst. Schaut sie euch an, sie haben euch viel zu lehren!

FRAGE: Was unterscheidet uns denn von den Tieren? Ist es der freie Wille? Oder haben die Tiere auch diesen freien Willen, diese Unterscheidungsfähigkeit zwischen gut und böse?

MICHAEL: Euch unterscheidet allein der Verstand. Tiere handeln immer aus dem Hier und Jetzt. Euer Verstand sagt: ‚Nein, das darf ich nicht, das geht doch nicht‘ – doch das ist eure Prägung, die allein durch euren Verstand kreiert wurde.

FRAGE: Aber wozu haben wir denn dann überhaupt den Verstand?

MICHAEL: Um die Energie von Herz und Verstand zusammenzubringen. Das ergibt Klarheit.

FRAGE: Warum eigentlich haben die Menschen Verstand bekommen, die Tiere aber nicht?

MICHAEL: Um den Menschen durch ihr Da-Sein, durch ihr Sein im Hier und Jetzt eine Chance zu geben, dies zu verstehen.
Im Jetzt – wenn du aus dem Jetzt heraus handelst – verstehst du alles in diesem Augenblick, jetzt.

FRAGE: Das heißt, die Tiere verstehen das Hier und Jetzt. Und sie sind uns gegeben worden, damit wir von ihnen dieses Bewusstsein lernen?

MICHAEL: Genau! Der Verstand will ja ständig ‚verstehen' – aber auf der intellektuellen Ebene. Doch wenn du ganz klar im Hier und Jetzt bist, spricht der Verstand im Einklang mit dem Herzen.
Und das ist die Bedeutung dessen, durch das ‚Tor des Vergessens' zu gehen bei eurer Inkarnation auf der Erde: Ihr sollt lernen, die ganze Welt zu verstehen.

FRAGE: Mich beschäftigt sehr oft diese Frage: Wenn ich doch Teil Gottes war ...

MICHAEL: ... du bist es immer noch – immer noch!

FRAGE: ... ja, ich bin es noch – aber warum sind wir Menschen nicht einfach das geblieben, was wir ursprünglich waren, nämlich frei und im Herzen?

MICHAEL: Das ist die Machtbesessenheit. Die Macht eures Geistes, die Macht, euch höher stellen zu wollen als alle anderen Wesen. Das brachte Disharmonie in die Evolution. Ihr seht die Tiere als niedriger an, ihr seht die Steine, das Mineralreich als niedriger an.

Würdest du nicht durch das ‚Tor des Vergessens' gehen, wäre dein ganzes Leben eine Qual. Du würdest so viele Schreie hören ... Viele Kinder hören sie jetzt wieder, die Schreie der Tiere, die Schreie der Seelen.

FRAGE: Mir ist noch nicht ganz klar: Wenn ich reines göttliches Bewusstsein war, warum habe ich mich entschieden, dennoch durch das ‚Tor des Vergessens' zu gehen und auf der Erde zu inkarnieren?

MICHAEL: Um die Schönheit und die Göttlichkeit der Materie zu erleben. Schau einen Baum an. Ein Baum ist pure Göttlichkeit - von seiner Schönheit von den Wurzeln an, von dem Stamm zu den Blättern, wie er aufgeht im Kosmos ...

Dieses kannst du nur erleben, wenn du Körper bist. Oder denke daran, wie du entstehst: in einem Körper entsteht dein eigener Körper ...

Es ist pure Exstase, wie dieses göttliche Licht jede Zelle deines Körpers durchdringt!

Und deshalb kommt ihr auf die Erde: um diese Schönheit, um diese Göttlichkeit des Körpers in Form von Materie zu erleben.

FRAGE: Das heißt, obwohl wir rein göttlich waren, waren wir nicht zufrieden ...?

MICHAEL: Sage nicht ‚nicht zufrieden' - du wolltest eine Erfahrung machen. Eine Erfahrung! Und die willst du immer wieder machen.

FRAGE: Können wir das so verstehen: Das Ergebnis all dieser Inkarnationen wird im Jahre 2012 sein, und durch die höhere Dimension, in die die Erde kommt, wird uns dieses Bewusstsein immer deutlicher?

MICHAEL: Ja. Immer mehr. Immer klarer.

FRAGE: Aber trotzdem bewegt mich die Frage, die sich wahrscheinlich viele Menschen stellen: Warum denn dann so viel Leid?

MICHAEL: Das ist die Macht. Das ist die Macht, die ihr euch nehmt, über Tiere zu entscheiden, über die Natur zu entscheiden, über Berge zu entscheiden, ob ihr sie durchbohrt oder nicht, ob ihr Straßen baut oder nicht ...
Schaut euch die alten Kulturen an, die sich mit dem Baum verbinden, bevor sie ihn absägen!
Ihr aber macht so viel kaputt auf der Erde, so viel ...
Und deshalb gibt es diese zerstörerische Macht, diese Gewalt, aber auch dieses Frustriertsein.

FRAGE: Aber gehört das nicht zum Prozess der Bewusstwerdung dazu?

MICHAEL: Gott hat euch einen freien Willen gegeben ... Ihr habt immer den freien Willen, wenn ihr auf die Erde kommt. Immer.

FRAGE: Aber der Verstand, heißt es, ist doch nur 20 Prozent. Wenn wir die Schönheit und die Fülle der Materie erleben wollen, wenn wir Evolution und die Explosion des Lichts erfahren wollen, ist es da erforderlich, dass wir durch so viel Leid gehen? Haben wir von Gott die Macht erhalten, diese Macht auch zu missbrauchen?

MICHAEL: Das ist der freie Wille, den ihr lebt!

FRAGE: Aber das kann doch nicht im göttlichen Plan sein - oder?

MICHAEL: Du hast 50 Prozent freien Willen und 50 Prozent Seelen-Ebene. Natürlich, wenn du den Seelenweg wählst, um die Materie in Schönheit zu erleben, gehst du ihn zu 100 Prozent. Aber zu 50 Prozent hast du den freien Willen - Gott lässt dir offen, das auch tatsächlich zu tun.

FRAGE: Warum hat Gott uns diesen freien Willen gegeben?

MICHAEL: Auch, um euch diese Freiheit zu schenken.

FRAGE: Damit wir uns unserer Freiheit bewusst werden? Denn es kann ja auch Freiheit sein, einfach die Schönheit und Fülle der Liebe und des Lichts zu leben.

MICHAEL: Ja. - Und das ganze Leid ist durch diesen freien Willen erschaffen.

ANTWORT: Das ist ja wie ein Experiment - o.k., Wesen Mensch, da hast du deinen freien Willen, guck mal, was du damit machst ... Wir probieren aus, wie wir mit diesem freien Willen umgehen, den die Mineralien und die Tiere ja gar nicht in dem Maße haben ... Und durch das Leid lernen wir, worauf es wirklich ankommt.

MICHAEL: Ganz genau. Ja - ihr lernt, worauf es ankommt.

ANTWORT: Da haben wir aber viele Jahrtausende gebraucht, um das zu kapieren.

MICHAEL: Ja! Doch jetzt wird dieses Wissen der Erde gegeben.

FRAGE: Aber an bestimmten Punkten, als die Menschen die Macht zu sehr missbraucht haben, da hat ja dann doch Gott eingegriffen, um eine Bewusstseinsänderung hervorzurufen. Sonst hätten sie sich selbst vernichtet. Gott hat dafür gesorgt, dass die Menschen sich nicht in dieser zerstörerischen Weise weiterentwickeln. Die so genannte freie Entscheidung wurde ja dann doch von göttlicher Seite in eine andere Bahn gelenkt. Ich denke, das geschah auch in unserer Zeit, bei den Atombombenversuchen oder in Tschernobyl. Der freie Wille hätte die Menschen hingeführt zu noch mehr Macht, Krieg und Zerstörung - also hat Gott doch eingegriffen. Kann ich das so sehen?

MICHAEL: Ja. Gott hat eingegriffen.

FRAGE: Und in welcher Form? Kannst du uns das sagen?

MICHAEL: Er hat viele Bewusstseins-Tore geöffnet für die Erde. Er hat die Erde in goldenes Licht gehüllt, und er hat sich vielen Menschen dadurch offenbart, dass er

mit ihnen sprach. Er hat die Energie der Erde angeho-
ben, um die Menschen in ein höheres Bewusstsein zu
bringen.

Das hat Auswirkungen auf alles! Durch die Erhöhung
der Energie kommen viele Dinge ans Tageslicht, die
euch vorher verborgen waren. Es werden viele dunkle
Machenschaften aufgedeckt. Viele Krankheiten und
Seuchen werden sich zeigen.

*FRAGE: Durch diese Energie-Erhöhung kommen verstärkt Krank-
heiten, Seuchen, Viren und so weiter ans Licht?*

MICHAEL: Ja - doch unterscheidet: Sie kommen ans
Licht - aber sie sind nicht von Gott geschaffen! So wie
Aids - auch Aids ist niemals von Gott geschaffen, um
die Menschen zu bestrafen. Niemals!

Ihr werdet sehen, dass alles, was nicht in Liebe ist,
zusammenbricht. Alles. Und das spiegelt sich gerade
im Außen. Doch habt keine Angst. Ihr seid geschützt.

Wir tun, was wir können, um die Menschen immer
mehr ans Licht zu führen. Und deshalb kommt ihr
auch mehr und mehr in das Vertrauen.

*FRAGE: Heißt das, die geistige Welt bildet gezielt immer mehr
Menschen aus?*

MICHAEL: Ja. Wir wollen, dass das neue Wissen überall auf der Erde verbreitet wird. Überall.

FRAGE: *Ich habe eine Frage für die Menschen, die das Buch lesen: Was kann jeder persönlich tun, um sich für den rechten Weg zu öffnen, um das Richtige zu tun, um an diesem Prozess teilhaben und ihn unterstützen zu können?*

MICHAEL: Das Wichtigste ist: Höre immer auf dein Herz. Immer. Verbinde dich immer mit der Energie deines Herzens.

FRAGE: *Viele Menschen haben mir schon gesagt: ,In mir ist alles zu, ich spüre mein Herz nicht. Was soll ich nur tun, um es zu spüren?' Diese Menschen wissen um den Unterschied von Verstand und Herz, sie sind bereit, das in der Praxis umzusetzen, aber sie schaffen es nicht.*
Hast du eine Meditation oder eine Atemtechnik, kannst du uns konkrete Tipps geben, diesen Menschen zu helfen?

MICHAEL: Das Wichtigste ist, dass ihr euch gegenseitig helft.
Wenn ihr Menschen gegenübersitzt, die sich nicht in die Stimme ihres Herzens einfühlen können, dann hüllt euch ein in die Farbe Grün. Konzentriert euch auf das Herz-Chakra eures Gegenübers und lasst mit dem Strahl aus dem 3. Auge das grüne Licht in das Herz-Chakra fließen.
So kann sich jeder sofort an seine Vision, seine Herzensebene erinnern.

FRAGE: Können wir das auch für uns selbst tun - uns in Grün einhüllen und uns vorstellen, dass aus dem 3. Auge das Grün in unser eigenes Herz fließt?

MICHAEL: Ja - tut es! Das ist eine wundervolle Technik. Und diese Technik kann jeder sofort anwenden, der dieses Buch liest. Es ist so leicht, in die Liebe zu kommen!

FRAGE: Ich habe eine andere Frage: Wenn ich mich entscheide, auf der Erde zu inkarnieren, muss ich von vornherein sozusagen öfter buchen oder kann ich entscheiden, nur einmal zu kommen?

MICHAEL: Die zwölf Seelen-Anteile entscheiden, wie oft sie auf die Erde kommen wollen und was sie erleben möchten.
Sie entscheiden, welche Form der Materialisation von Liebe sie erfahren möchten auf der Erde.
Ihre Erfahrungen gehen ein in die große Gesamtseele.
Im nächsten Leben kommst du mit einem ganz anderen Bewusstsein, mit anderen zwölf Seelen-Anteilen auf die Erde.

FRAGE: Was sind das für Formen der Liebe, die die Seelen-Anteile erleben möchten?

MICHAEL: Zum Beispiel, euch wiederzutreffen. Das ist eine Form der Liebe. Zwillinge, die aufeinander aufpassen wollen, den Sohn oder die Tochter oder andere Menschen, mit denen man verbunden war, wiederzutreffen - das alles sind Formen der Liebe. Das meine ich mit Materialisation von Liebe.

FRAGE: Was ist, wenn Menschen aufeinander treffen - ja, Mörder zum Beispiel oder Vergewaltiger mit ihrem Opfer -, womit hat das zu tun? Es heißt ja, dann sei man ,karmamäßig verabredet'. Haben die Seelen-Anteile des Täters und des Opfers sich tatsächlich verabredet?

MICHAEL: Es geht hier um Anziehung!
Es geht nicht um Vergeltung - ,du hast mich im letzten Leben umgebracht, jetzt bringe ich dich um' -, darum geht es nicht. Es ist die Anziehung.
Darum ist es auch so wichtig, so wenig wie möglich Fernseh-Energien in euch aufzunehmen! Euer Unterbewusstsein speichert alle Informationen. Seht ihr im Fernsehen, dass jemand ermordet wird, oder lest ihr in einem Zeitungsartikel von einem Mord, werden diese Bilder automatisch gespeichert in eurem Unterbewusstsein und in eurer Aura.
Spürt ein Mensch, der bereit ist zum Töten, die Angst eines anderen Menschen, der einen Film voller Brutalität gesehen hat - dann kann es sehr leicht zur gewalttätigen Auseinandersetzung kommen. Es sind die Schwingungen, die euch zum Opfer machen.

FRAGE: Fernseh- oder Kinofilme oder auch Computerspiele können einem Menschen die Mörder-Energie bringen?

MICHAEL: Ja! Es ist die energetische Schwingung in eurer Aura, die Gewalt aussendet, aber auch anzieht.

ANTWORT: Es gibt so viele Gewalt-Sendungen ...

MICHAEL: Deshalb ist es so wichtig, euch endlich von dieser schwarzen Kiste zu verabschieden! Es gibt keinen einzigen weißen Fernseher auf der Welt. Sie sind alle schwarz. Verabschiedet euch endlich von der schwarzen Kiste!

FRAGE: Und was ist mit Videos?! Sollen wir auch keine schönen Filme mehr gucken?!

MICHAEL: (schmunzelt) Wenn ihr schöne Filme gucken wollt – ja, das könnt ihr jederzeit tun – Videos von Erleuchteten ...!

FRAGE: (großes Gelächter) Und was ist mit Märchenfilmen zum Beispiel? Wie wirken die?

MICHAEL: Es kommt darauf an, mit welchem Hintergrund ihr sie seht.

FRAGE: Märchen, die aus den Archetypen und somit aus der Mythologie entstanden, helfen doch aber auch, das Bewusstsein immer wacher werden zu lassen. Wenn ich Märchen so deuten kann, dass ich damit helfe, kann ich sie dann als Filme ansehen?

MICHAEL: Ja - wenn du diese Filme anschließend verarbeitest mit den Kindern, mit den Menschen, mit denen du sie dir anschaust. Das ist sehr wichtig!

FRAGE: Kinder und Jugendliche stehen unter großem Kollektiv-druck: Wenn sie bestimmte Sendungen nicht gesehen haben, werden sie oft verlacht und verspottet. Was kann man ihnen sagen?

MICHAEL: Sage ihnen, dass alles, was sie im Fernsehen aufnehmen, in ihrem Unterbewusstsein gespeichert ist. Alles.

FRAGE: Das habe ich meinem Sohn schon ein paar Mal gesagt. Er ist eigentlich sehr offen - aber das hat nicht gegriffen. Und so geht es vielen Müttern. Die Erklärung über die Gefahren des Fernsehens reicht einfach nicht aus. Was kann man noch tun?

MICHAEL: Wenn du mit Kindern oder Jugendlichen sprichst über dieses Thema, dann verwende diese Meditation: Hülle sie ein in grünes Licht.

Ihr könnt noch mehr tun: Klebt das Schutz-Symbol gegen negative Strahlungen auf den Fernseh-Apparat. So werden die Informationen gefiltert. Zwar bleiben die Bilder gleich, doch die energetische Information der Sendung verändert sich. Bedenkt es: Jedes Bild ist gleichzeitig eine energetische Information. Jedes Bild.

FRAGE: Habe ich das richtig verstanden? Durch das Schutz-Symbol auf dem Fernseh-Apparat kommen zwar die Bilder herüber, aber die Angst wird nicht in die Zellen eingespeichert?

MICHAEL: Ganz genau.

Das heißt natürlich nicht, ein Kind weiter Horror-filme schauen zu lassen, nur weil das Amulett auf dem Fernseher klebt!

Schafft diese schwarze Kiste ab. Sie verändert permanent eure Energie. Der Fernseher verändert die Energie im Raum, er verändert immer eure Aura. Immer.

Diese Bilder, diese Strahlen gehen vom Monitor direkt in eure Aura, in eure Zellen, in eure Cha-kren.

Deshalb fühlen sich viele Menschen auch so krank! Sie rennen von einem Arzt zum anderen, und sie wissen nicht, was sie quält und schmerzt. Es sind allein diese negativen energetischen Impulse, die sie krank machen!

Und bei manchen Menschen läuft die schwarze Kiste vom Morgen bis in die Nacht ...

Deshalb ist es so wichtig, dass diese Botschaft in die Welt geht: Ihr ladet eure Aura auf mit Angst durch alles, was ihr konsumiert über das Medium Fern-sehen.

Und das heißt: Ihr seid schutzlos den Mächten aus-geliefert, die euch Böses antun wollen.

FRAGE: Du hast vom Gesetz der Anziehung gesprochen – das könnte ja mich dann auch zum Täter werden lassen?

MICHAEL: Ja – die Emotion, die Aggression, die aus der schwarzen Kiste kommt, kann dich in ein solches Verhalten bringen.

FRAGE: Das heißt, ich kann einerseits die Angst anziehen, aber ich kann auch selbst aggressiv darauf losprügeln ...
Wie weit habe ich noch einen freien Willen, wenn ich viel Fernsehen gucke und meine Zellen so negativ informiert werden – ist mein freier Wille eigentlich stärker als die Zell-Information?
Kann ich frei entscheiden?

MICHAEL: Die aufgestauten Aggressionen aus deinem Leben verbinden sich mit den Zell-Informationen. Und damit gehst du los ...

FRAGE: Kann ich dennoch frei entscheiden?

MICHAEL: Du kannst frei entscheiden. Immer. Jeden Moment könnt ihr frei entscheiden. Doch oft entscheidet ihr gegen das Herz, gegen die Liebe.

Deshalb ist es so wichtig: Benutzt die schwarze Kiste wirklich nur zu Zwecken, in denen ihr Liebe fließen lassen könnt.

FRAGE: Was ist mit Radio? Ich höre zum Beispiel viel Radio.

MICHAEL: Auch dort gibt es Wellen, die nicht mit Liebe gefüllt sind. Die Schwingungen der Nachrichten, der Katastrophen- und Horror-Meldungen - auch sie gehen in den Raum und damit in deine Aura.

FRAGE: Auch wenn ich Musik höre, die ich liebe - ist das ebenfalls nicht so gut?

MICHAEL: Oft ist die Schwingung der Musik und der Wellen, über die gesendet wird, nicht positiv für dein Herz-Chakra.

Gibt es noch Fragen?

FRAGE: Bei meiner Arbeit als Reinkarnations-Therapeutin geht es auch um Lebens-Visionen. Bei vielen Menschen - auch bei mir - kam die Vision ‚Liebe fühlen, Liebe weitergeben'. Aber innerhalb dieser großen Visionen hat doch auch jeder Mensch sicherlich seine ‚Etappe'. Ist es wichtig für Menschen, die nächste Etappe zu wissen - um dann zur nächsten Vision zu kommen? Wie können Menschen mit diesem Etappenziel in Verbindung kommen?

MICHAEL: Deshalb bekommt ihr diese Einweihung. Sie verbindet euch mit eurem Lebensziel. Jeder Mensch kann diese Einweihungen erfahren.

FRAGE: Von der Astrologie weiß ich, dass wir jedes Jahr ein neues Jahreshoroskop haben und somit wieder neue Lebensthemen. Diese neuen Themen kommen dann, wenn wir sie vorher noch nicht gelöst haben. Ist das auch mit der Einweihung so?

MICHAEL: Die Einweihung erhältst du immer. Und du erhältst immer eine neue Chance, wenn du deine Lebensziele noch nicht gelebt hast.

Die Vision eures Lebens auf der Erde ist, in Hellsichtigkeit, in Liebe, in Frieden miteinander zu leben - ohne irgendwelche Grenzen zwischen Völkern, vor allem jedoch ohne eigene Grenzen. Ihr sollt leben, wie ihr alle auf die Erde gekommen seid: offen und völlig frei.

FRAGE: Heißt das, letztlich hat die ganze Menschheit dieselbe Vision?

MICHAEL: Ja. Alle Menschen. Überlegt euch dieses Ausmaß!
Welch ein Sprung des Kollektiv-Bewusstseins, wenn die ganze Erde sich dessen bewusst wäre!

Ihr könntet alles mit eurer eigenen Energie erbringen. Das ganze Internet würde zusammenbrechen - alles würde über eure eigene Energie laufen. Alles. Die Handy-Masten wären funktionslos: Ihr könntet sofort telepathisch arbeiten. Sofort.
Diese ganze Struktur, die Computer, die Handys - auch wenn sie euch hilfreich sind, so hindern sie euch doch, wirklich mit dem Bewusstsein der Telepathie zu arbeiten.

Diese Techniken sind Vorstufen, die euch auch wieder an eure eigenen Fähigkeiten erinnern sollen. Doch zunächst behindern sie euch, denn ihr strengt eure Gehirnzellen nicht mehr an.
Alle Menschen kommen mit diesen Fähigkeiten der Telepathie auf die Erde. Und ihr kommt mit der Fähigkeit, alles, aber auch wirklich alles abspeichern zu können in eurem Bewusstsein.

Schaut euch an, welche kostbaren Geschenke ihr mitgebracht habt auf die Erde! Die ganze Welt wäre ein Paradies, wärt ihr euch wirklich bewusst, dass ihr in Liebe auf die Erde gekommen seid. In Liebe ... Und alle Wesen werden wieder in Liebe von uns empfangen.

FRAGE: Muss ein gewisser Prozentsatz an Menschen das Bewusstsein wiedererlangen, damit es kollektiv überspringen kann? Und wie viele Menschen braucht es dazu?

MICHAEL: Es braucht eine ganze Menge! Sehr viele Menschen werden gebraucht, um dieses Bewusstsein der Erde zurückzubringen. Und deshalb wird dieses Buch um die Erde gehen. Es wird dazu beitragen, dass die Menschen wieder telepathisch miteinander kommunizieren können. Und vom Herzen her ...
In dem Maße, wie ihr euch selbst liebt, könnt ihr andere lieben.

ANTWORT: *Es wurde uns doch aber auch gesagt: Du musst für andere da sein, du musst die anderen verstehen.*

MICHAEL: Es wurde so in deinen Zellen gespeichert, ja. Es ist eine Prägung, wenn du dich immer wieder um deine Eltern oder um andere kümmerst, immer wieder und immer wieder - es ist eine Prägung. Um die Liebe der anderen zu bekommen, tust du es.

ANTWORT: *Das tun ja viele Menschen. Und sie glauben, wenn sie 40 oder 50 sind und immer nur für andere gelebt haben, dass sie es jetzt nicht mehr schaffen, an sich selbst zu denken.*

MICHAEL: Doch wenn sie es dann erkennen, dass sie sich lieben, ist die Blüte der Rose geöffnet.
Wenn du aus dem Bewusstsein heraus, es tun zu müssen, für andere da bist - so wie es viele Menschen tun, um Liebe zu bekommen -, dann verlierst du Blüten, verlierst du Blätter. Wenn du es aus der Liebe zu dir selbst heraus tust, dann blühst du auch - das ist der Unterschied!

FRAGE: *Das heißt, die Blüte bekommt ihre Blätter wieder?*

MICHAEL: Ja, und noch sehr viel mehr ...

FRAGE: *Sich selbst zu lieben heißt auch, seine Schattenseiten zu lieben. Dazu gehört zum Beispiel auch die Wut. Viele Menschen haben Angst, sich der Wut zu stellen, weil sie befürchten, in die-*

sem Gefühl zu eskalieren. Wie können sie ihre Wut ausleben, ohne anderen zu schaden?

MICHAEL: Sie sollen sich bewusst werden, woher diese Wut kommt, damit sie sie nicht auf andere projizieren. Sie sollen in die Natur gehen. Sie sollen schreien in der Natur!

FRAGE: Reicht das – schreien? Nicht jeder kann schreien – ich konnte früher nicht schreien!

MICHAEL: Es reicht auch, den Körper zu bewegen, zu rennen. Das nimmt ungeheuer viel Aggression weg. Rennen, den Körper spüren – und dann diese Kraft spüren, die frei wird, wenn die Aggression sich löst!

FRAGE: Ist es wichtig, an den Ursprung der Wut zu kommen – auch wenn sie sich vielleicht schon in der Kindheit manifestiert hat?

MICHAEL: Ja, auf jeden Fall! Nur so wirst du authentisch.

FRAGE: Es gibt viele Anbieter von Seminaren, die unter anderem auch mit Aggressionen, Wut und Trauer arbeiten, was ist da zu beachten?

MICHAEL: Nun, Therapien sind immer nur so gut wie die Therapeuten selbst. Wenn die Anbieter damit Macht ausüben wollen - was leider oft geschieht -, dann sind diese Therapien nicht gut für die Menschen. Sie können im Gegenteil großen Schaden anrichten.

Eine sehr gute Methode, die wir der Erde gegeben haben, ist die Mystic-Rose-Meditation: sieben Tage lang jeden Tag drei Stunden lachen - sieben Tage lang täglich drei Stunden weinen - sieben Tage lang täglich drei Stunden schweigen. So kommst du mit deiner gesamten Aggression in Kontakt, du kannst sie fühlen, du kannst sie herauslassen.

Diese drei Stunden täglich bringen dich automatisch zum Ursprung der Wut - auch, wo dieser Schmerz und diese Aggression herkommen.

Die Mystic-Rose-Meditation ist für alle Menschen gut - wirklich für alle. Auch für Menschen, die sich körperlich nicht sehr gut bewegen können.

FRAGE: Und wie finden die Menschen zu diesen Meditationen?

MICHAEL: Es gibt sehr viele Institutionen, die diese Meditationen anbieten.

Es ist so sehr wichtig, dass die Menschen ihre Aura und ihre Zellen wieder heilen. Die Informationen durch die Bilder aus der schwarzen Kiste verletzen

und schwächen eure Aura – sie können sie durchlöchern.
Das ist nicht Liebe, was ihr euch da selbst antut –
niemals! Niemals! Deshalb nehmt meine Warnung
sehr ernst.

In tiefem Frieden

Erzengel Michael

Channeling vom 20.08.2002

MICHAEL: Sind noch Fragen zu der Vision
des Lebens auf der Erde, das Thema des letzten
Channelings?

*FRAGE: Du hast gesagt, dass wir alle in die Liebe und in die
Gemeinsamkeit kommen werden. Die Vision der Liebe ist zwar
da, aber es ist noch nicht ganz begreiflich – wie kann der Fluss
der Liebe sein, gerade jetzt in dieser Zeit? Die Medien verbreiten
nur noch Katastrophenmeldungen und Angst und Schrecken –
wie kann da Liebe sein?*

MICHAEL: Gerade deshalb – keine schwarze Kiste
mehr! Kein Fernsehen mehr! Dann können die

Menschen ihr Leben verändern - dann! Dann können die Menschen in die Liebe kommen - jeder! Das ist so wichtig! Und die Vision des Lebens auf der Erde ist auch, richtig mit Materie umzugehen. Die ganzen Süchte, die ihr auf der Erde durchlebt - das alles hat nichts mit der Vision zu tun, die ihr auf der Erde habt. Niemals. Es sind Ängste vor dem Vertrauen. All das ganze Konsumieren von Rauch, der euer Herz-Chakra vernebelt, von Alkohol, von Spielen, von Nahrungsmitteln - all diese Süchte lassen euch niemals in der Liebe sein. Niemals.

ANTWORT: *Es ist doch aber auch so, dass viele Dinge einen mit Freude erfüllen, zumindest vorübergehend, dass es zum Leben dazugehört, mit dieser Materie umzugehen: Ein schönes Essen, das ist doch etwas Wundervolles, dazu ein schönes Glas Wein, danach gemütlich eine Zigarette zum Genießen - das ist doch eigentlich etwas, das Freude bringt!*

MICHAEL: Aber für die meisten Menschen ist es nur ein Halt - und dieser Halt zerstört. Die Vision des Lebens ist niemals, so viele Suchtmittel zu euch zu nehmen, wie ihr es im Moment auf der Erde tut. Niemals.

FRAGE: *Hat diese Einnahme von Suchtmitteln nicht gleichzeitig auch etwas mit der starken Bewusstseinsveränderung zu tun, dass diese Angst bei vielen Menschen hochkommt, dass sie es nicht fassen können, was passiert?*

MICHAEL: Es ist ein Unterdrücken, und dieses Unterdrücken macht euch nicht klar. Wenn alle Menschen bewusst wären - ohne sich zu vernebeln durch Alkohol oder die ganzen anderen Suchtmittel -, wäre die Erde schon längst in der achten oder zehnten Dimension.

FRAGE: Wer hat Interesse daran, dass die Menschen sich so zunebeln in jeder Beziehung?

MICHAEL: Andere Mächte, die euch halten wollen in diesem Bewusstsein. Aber überlegt dieses Ausmaß! Wenn es jeder wirklich spüren könnte! Und niemand braucht ein Suchtmittel, an das er sich klammern müsste! Niemand! Kein Tier, keine Pflanze - niemand auf der Erde braucht irgendetwas, um sich zu vernebeln.

ANTWORT: Es hat mich eben sehr berührt, dass du gesagt hast, wenn wir diese Süchte nicht leben würden, könnten wir schon in der achten oder zehnten Dimension leben.

MICHAEL: Diese ganzen Suchtmittel drücken euch immer und immer wieder auf die Erde. Und wie viele Milliarden Menschen auf der Erde sind süchtig ... Und das wird schon im Mutterbauch festgelegt, in der Entstehung - durch das, was die Mutter isst. Denn in eurer Nahrung sind so viele Sucht-Stoffe, das könnt ihr euch nicht vorstellen!

FRAGE: Auch in den Bio-Produkten?

MICHAEL: Dort ist es anders, weil der Boden schon anders behandelt wird. Aber auch wenn ihr euch anschaut, wie eine Pflanze entsteht, wie der Boden gehalten wird, wie er gedüngt wird - das ist alles Information, die dann in euren Zellen ist, später, wenn ihr es aufnehmt.

FRAGE: Gibt es überhaupt eine Möglichkeit, dem zu entgehen?

MICHAEL: Ja! Ich habe der Welt diese wundervollen Symbol-Kärtchen gegeben, um die Lebensmittel wirklich von alldem zu befreien, um die Suchtmittel herauszuziehen.

FRAGE: Es heißt ja in der Schulmedizin, wenn du sieben Jahre nicht rauchst, bist du medizinisch gesehen ein Nichtraucher. Jetzt interessiert mich und die Leser sicher auch: Was kann ich jetzt konkret tun? Gut, das eine sind die Symbol-Kärtchen. Aber diese ganzen Informationen der Suchtmittel sind ja - je nachdem, wie alt wir sind - schon jahrzehntealt. Ich denke, die Menschen interessiert der Reinigungsprozess. Wie können diese Informationen sich auflösen?

MICHAEL: Eine solche Information wird immer wieder dann aktiviert, wenn du diese Suchtmittel zu dir nimmst, diese Stoffe. Du hast sie in den Zellen, diese Information, und sie wird immer wieder aktiviert, wenn du dieses Produkt zu dir nimmst.

Und wenn du es nicht mehr zu dir nimmst, wird die Information nicht mehr aktiviert.

FRAGE: *Das heißt, sie bleibt passiv in mir, kann aber nicht mehr aktiv werden?*

MICHAEL: Genau.

FRAGE: *Das ist interessant. Du hast ja an anderer Stelle gesagt, dass die psychischen Informationen in den Zellen gespeichert bleiben; sie können durch Lichtprozesse und durch Liebesprozesse gelöscht werden. Bei Lebensmitteln ist das anders zu sehen – da reicht diese Passivität?*

MICHAEL: Ja. Es reicht, dass du sie nicht mehr zu dir nimmst.

FRAGE: *Das ist ja auch ein Geschenk von euch, ja?*

MICHAEL: Ja! Auch die Benutzung von Handys ist eine Sucht. Damit arbeiten die Mächte. Und es ist so wichtig, dass ihr euch darüber klar seid, um wirklich diesen Prozess des Aufstiegs in die fünfte Dimension leicht gehen zu lassen. Deshalb geben wir euch ja auch diese Handy-Buttons und das Amulett, die Symbol-Kärtchen, die Essenzen - das geben wir der Welt, damit die Schönheit dieser Welt wieder neu entdeckt werden kann. Was gibt es Schöneres als das!

ANTWORT: Viele verstehen das leider nicht. Sie sehen nur, dass immer wieder etwas Neues kommt, dass immer wieder etwas Neues gebracht wird. Sie sehen das eher als finanzielle Sache – dass lichtvolle Firmen sich bereichern wollen.

MICHAEL: Auch diese Menschen werden irgendwann erfahren, dass es Liebe ist. Und Liebe ist unberechenbar! Auch da! Und schaut dieses Ausmaß an, wo ihr überall von Engeln und Meistern durchgegebene Produkte sehen könnt - und dies in einer so kurzen Zeit, denn Zeit ist Illusion für uns. Wir bringen so viel auf die Erde. Alle lichtvollen Produkte wirken auch bei Tieren und Pflanzen. Und darum geht es wirklich: die Vision zu leben, dass ihr alle mit eurem Herzen im Einklang seid. Dann hören alle Süchte auf! Und was auch wichtig ist für die Vision des Lebens auf der Erde: Lebt zusammen.

FRAGE: In Wohngemeinschaften oder wie auch immer? Auf jeden Fall zusammen?

MICHAEL: Versucht wirklich, zusammenzukommen, um aneinander zu wachsen, zu reifen, um miteinander die Liebe zu leben. Denn das ist wichtig. Und immer mehr Menschen erkennen das: dass ihre Zeit des Alleinlebens zu Ende ist. Dass sie ihrer Vision folgen sollen - und die Vision ist immer, mit anderen, mit gleich gesinnten Menschen zusammenzuleben.

ANTWORT: Ist diese Erkenntnis auch der Grund, dass sich im Moment so viele Menschen von langjährigen Freunden trennen – dass sie einfach keine Lust mehr haben, diesen Menschen zu begegnen?

MICHAEL: Ja. Das ist auch ein Loslass-Prozess.

ANTWORT: Da ist uns ja die ältere Generation schon ein Stück voraus, denn es bilden sich immer mehr altersgerechte Gruppen, Wohngemeinschaften und so weiter.

MICHAEL: Ja! Und ihr setzt mit eurer Gruppierung (dem Kamasha-Team) ja auch ein Zeichen, zusammenzugehen - in der Liebe zusammenzugehen, um euch weiterzuentwickeln, zu transformieren.

FRAGE: Und dazu braucht es doch auch die Auseinandersetzung und die Reibungen aneinander. Oder muss da alles in Liebe sein und in Harmonie? Und wenn mir etwas nicht passt, wo es darum geht, aufeinander einzugehen oder Rücksicht zu üben - soll man da über alles hinwegsehen, oder soll man da Konfrontation suchen?

MICHAEL: Konfrontation ist auch Liebe! Authentisch sein ist Liebe! Liebe ist unberechenbar! Ja - wirklich! Das ist wichtig!

ANTWORT: Ich habe es ja oft selbst erlebt, aber ich scheue mich immer wieder davor, es anzusprechen, denn dann wird beim Gegenüber ein Punkt angesprochen - oft ein wunder Punkt ...

MICHAEL: Aber das ist Heilung! Das ist Transformation! Das ist wichtig, um wirklich in dieser Liebe zu sein. Da braucht es die Konfrontation.

FRAGE: Wachstum braucht Widerstand?

MICHAEL: Wachstum braucht Liebe! Nenne es so. Widerstand geht schon auf Abwehrhaltung. Und Liebe geht nicht auf Anti-Haltung. Das ist wichtig. Die Vision des Lebens ist auch eure Sprache auf der Erde: wirklich in der Sprache des Herzens zu kommunizieren. Auch wenn Konfrontation da ist, in die Sprache des Herzens zu gehen. Denn Wörter sind Energien.

ANTWORT: Es erschreckt mich manchmal, mit welchen negativen Worten und Gedanken die Menschen umgehen - nicht nur anderen gegenüber, auch sich selbst.

MICHAEL: Das macht auch alles diese Manipulation aus, die ihr ständig bekommt.

ANTWORT: Genaues Formulieren ist so wichtig - ich achte in meinem Beruf sehr darauf, und ich spüre auch, dass sich immer mehr Menschen dafür öffnen.

MICHAEL: Oh, ja. Es gibt so wenig wundervolle Berichte, die von Herzen kommen. Und darum geht es wirklich: die Sprache, die ihr wählt, so einzusetzen, dass sie ankommt: klar, deutlich, und das, was wirklich das Herz sagen will. Nicht, was der Verstand sagen will – ‚aber, aber, aber', der Verstand sagt immer ‚aber' –, sondern wirklich, was von Herzen kommt. Das heißt jetzt nicht, dass das Herz nur ‚liebe' Worte spricht, sondern das Herz spricht auch klare Worte. In Liebe. Und das ist wichtig! Und das ist auch eine Vision auf der Erde: wirklich in die Kommunikation der Liebe hineinzugehen. Wenn ihr dieses Buch nehmt, das Handbuch zu den Kamasha-Essenzen – diese wundervollen Verse, die ich Natara durchgegeben habe, das ist pure Liebe. Aber auch deutlich und klar. Und das ist so wichtig. Die Vision der Erde ist auch Kommunikation!

FRAGE: Das heißt, es ist wichtig, die Herzens-Kommunikation weiter zu schulen?

MICHAEL: Immer! Es ist wichtig, in allem, was ihr tut, immer wieder auf das Herz einzugehen.

FRAGE: Das heißt, auch die Ehrlichkeit immer wieder zu leben und zu sagen: ‚Hier fühle ich mich gerade verletzt.'?

MICHAEL: Ja! Auch das ist wichtig! Und es geht auch darum: Wenn Menschen, die süchtig sind, auf ihr Herz hören würden, das nach Liebe schreit, dann würden sie das niemals tun. Niemals. Alle Süchte, die es auf der Erde gibt, sind niemals vom Herzen gesteuert. Niemals.

FRAGE: *Wie kann der Mann, die Frau die Unterscheidung lernen, was sie gerade steuert? Ich denke, bei der Sexualität ist es noch leicht, da kann ich unterscheiden, wo ich die Energie spüre – im Körper oder im Herzen. Aber oft ist es so, dass die Menschen die Unterscheidung nicht haben und denken, es ist Liebe, aber eigentlich ist es etwas anderes. Du hast gesagt, der Verstand sagt im Gegensatz zum Herzen immer ,aber, aber, aber'. Heißt das, Verstand und Herz kann ich durch das ,Aber' unterscheiden?*

MICHAEL: Ja. Denn das Herz bewertet niemals. Das Herz sagt klar, was es heißt; das Herz sagt klar, was ist, was gerade passiert, was verletzt – immer authentisch. Aber der Verstand bewertet immer. Das ist der Unterschied. Und ,aber' ist schon immer ein Verneinen und immer eine Bewertung.

FRAGE: *Und was ist mit der Sexualität?*

MICHAEL: Wenn ihr wirklich das JA vom Herzen habt – dann ist das so eine wundervolle Energie, die ihr spürt, dass es nichts mehr rein mit dem Körper zu tun hat, wenn du wirklich eins wirst mit dem Partner.
Es ist wirklich wichtig, dass eure Sexualität vom Herzen aus gesteuert wird und nicht vom Tun.

ANTWORT: *Das ist eine gute Unterscheidung! Ich denke, das geht vielen Menschen so: Wenn ich zum Beispiel in mir keine Sexualenergie spüre und auch keine Liebe zu dem Menschen mir gegenüber und ich küsse diesen Menschen dann trotzdem*

145

– schwupp, öffnet sich mein Sexual-Chakra, und ich könnte mich auf etwas einlassen, von dem ich noch fünf Minuten vorher dachte: ‚Da habe ich keine Lust darauf, denn danach fühle ich mich gebraucht und leer und gar nicht gut.' Das Tun, das Küssen, löst etwas aus, was man vielleicht gar nicht mehr zurückhalten kann. Da sollte man schon vor dem ersten Tun darauf achten: Entweder spürt mein Herz etwas – und wenn nicht, dann küsse ich diesen Menschen schon gar nicht. Ich lasse mich schon gar nicht auf diese Bedrängnis ein.

MICHAEL: Ja! Wenn eure Sexualität vom Herzen gesteuert wird, bedeuet das: Tun wird zum Nichts-Tun. Einfach offen sein. Du bist so erfüllt davon, wenn diese Sexualität vom Herzen gesteuert ist und nicht vom Tun und von der Gier – sondern nur vom Herzen.

ANTWORT: Das ist aber ganz schön schwierig!

MICHAEL: Ja – weil euch auch diese ganzen Sucht-mittel daran hindern, wirklich in die Liebe zu gehen! Den kosmischen Orgasmus, den ich der Erde gebracht habe durch die Shiva-&-Shakti-Essenz – den könnt ihr nur spüren, wenn ihr von allen Süchten befreit seid.

ANTWORT: Die Sexualität ist doch aber eine so elementare Kraft ...

MICHAEL: ... ihr entsteht doch alle durch Sexualität. Ihr habt das doch alle gespeichert - auch, wie eure Eltern Sexualität gelebt haben, wie ihr inkarniert seid in eurer Mutter. Das ist in euren Zellen gespeichert. Deshalb braucht es so viel Heilung in eurem Sexual-Chakra, so viel Heilung und Therapien, damit ihr wirklich frei und von ganzem Herzen eure Sexualität auf der Erde wieder leben könnt.

FRAGE: *Ist das auch der Grund, warum so viele Männer Übergriffe machen auf Frauen und Kinder?*

MICHAEL: Ja!

FRAGE: *Warum eigentlich immer nur Männer?*

MICHAEL: Es sind auch genauso viele Frauen!

FRAGE: *Das kommt nur nicht ans Tageslicht?*

MICHAEL: Ja.

FRAGE: *In euren Dimensionen seid ihr ja frei von diesem falsch verstandenen Besitzdenken in Partnerschaften. Sehe ich das richtig: Wenn das in Liebe ist und mit dem Herzen geschieht, kann ich auch mit verschiedenen Menschen zusammen sein?*

MICHAEL: Oh, ja! Es ist nicht so gesteuert, dass sich zwei Menschen einmal treffen, um ein ganzes Leben zusammen zu sein. Denn ihr habt gewählt, euch mit vielen Menschen auf der Erde zu treffen, um etwas auszutauschen - dazu gehört auch die Sexualität. Es ist wichtig: Indem ihr die Sexualität lebt und nicht verbergt und unterdrückt, kann Heilung entstehen. Das ist auch wichtig: dass ihr euch mit eurem Körper auseinander setzt, was durch so viele Süchte überhaupt nicht passiert.

FRAGE: Das ist aber jetzt eine schwierige Situation: Auf der einen Seite sagst du, wir sollen sehr darauf achten, mit wem wir uns austauschen, und dann sagst du wieder, mit möglichst vielen Menschen ...?

MICHAEL: Nein, nein: Ihr trefft euch mit vielen Menschen, um etwas auszutauschen - nicht nur sexuell! Um wirklich in der Liebe zu sein, darf es nicht nur ein sexueller Austausch sein, nein! Niemals!

FRAGE: Kann ich das so verstehen: dass auch gleichzeitig mit mehreren Partnern Sexualität in Liebe ausgetauscht werden kann, wenn es vom Herzen her kommt, wenn keine Eifersucht da ist - dass das in einer offenen Partnerschaft möglich ist?

MICHAEL: Ja - wenn es vom Herzen kommt!

FRAGE: Gibt es schon Menschen auf der Erde, die das überhaupt können?

MICHAEL: Ja, und es werden mehr und mehr. Das ist auch ein Loslass-Prozess. Auch Besitzanspruch ist eine Sucht. Aber die wird euch schon in frühester Kindheit gelegt: ‚Das ist mein und das ist dein.' Aber das gibt es nicht. Niemals. Das ist alles eine Illusion eures Verstandes. Und das Herz weiß das.

FRAGE: Wenn ich aber jetzt das Gefühl habe, ich habe einen Partner gefunden, mit dem ich die Sexualität leben will – und ich habe überhaupt nicht das Bedürfnis, mich mit anderen Menschen sexuell auszutauschen ...?

MICHAEL: Dann kannst du das selbstverständlich leben! Da wird niemals jemand aus der geistigen Welt sagen, das darfst du nicht! So ist es nicht! Aber es besteht die Möglichkeit, dass ihr wirklich in Liebe zusammenkommt, um euch weiterzuentwickeln.

FRAGE: Das heißt: die Eifer-Sucht loslassen?

MICHAEL: Ja! Die Sucht, nach etwas zu eifern. Das ist nicht Liebe, niemals. Und es ist nicht die Vision, die ihr mit auf die Erde gebracht habt, in diesem Denkmuster zu bleiben. Das braucht niemand. Und das ist auch keine Entwicklung.

ANTWORT: Das ist ja auch die Erfahrung, die die Menschen immer mehr machen: dass alte Denkmuster-Systeme nicht mehr funktionieren.

MICHAEL: Ja. Oh, ja. Gibt es noch Fragen dazu?

FRAGE: Mir rattert es ziemlich im Kopf. Denn gerade die Eifersucht ist ja etwas - es heißt fast schon: ,Wenn du mich liebst, dann bist du auch eifersüchtig.'

Unter dem Einfluss von Eifersucht werden Gewalttaten und Morde begangen. Es ist ja schon fast ein Kavaliersdelikt auf dieser Welt - aus Eifersucht auszurasten, das kann ja jeder verstehen. Was können Menschen tun, die unter Eifersucht leiden? Wie ich das sehe, betrifft das fast alle Menschen. Was kann ich tun, um freier davon zu werden - freier von dieser Angst, jemanden zu verlieren, wenn er eine andere Frau oder einen Mann nur anschaut?

MICHAEL: Umarme einen Baum, wenn du in der Eifersucht bist! Dann wirst du spüren, was du mitbekommen kannst von diesem Baum, der vielleicht schon Hunderte von Jahren dort steht und für alle Menschen Liebe spendet. Und wenn ihr den Baum umarmt, wenn ihr in der Aura eines Baumes seid, bekommt ihr diese Information: Der Baum ist für alle da.

ANTWORT: Ich bin jetzt wieder sehr pragmatisch. Dieser Tipp ist etwas für Menschen, die in der Nähe von Bäumen leben. Es gibt aber viele Menschen in der Stadt, die würden sich nicht trauen, zu dem einzigen Baum in der Straße hinzugehen und ihn zu umarmen, wenn sie gerade eifersüchtig sind.

MICHAEL: Dann sollen sie ein Bild von einem Baum auf ihr Herz-Chakra legen! Das ist genau dieselbe Information, als wenn sie einen Baum umarmen.

*FRAGE: Ist das die eigene Lebenskraft des Baumes, die Wurzel –
und wohin verbindet sie?*

MICHAEL: Zum Kosmos. Dieser Baum ist schon so
lange da. Er spendet euch immer Kraft durch den
Sauerstoff. Er spendet euch Schatten und Licht und
Wärme. Deshalb ist es so wichtig. Tut dies!

*FRAGE: Ich habe gerade mit dem Gedanken gespielt:
die Rodungen der vielen Bäume – das ist ja auch in dieser Beziehung ein Zeichen, was Menschen tun?*

MICHAEL: Das ist ein Zeichen, wie süchtig die
Menschen sind: dass sie völlig von ihrer Lebensvision
Abstand genommen haben.
Auch dass sie Tiere – das große Bewusstsein der
Tiere! – benutzen, um sie zu essen: Das ist niemals
Liebe. Niemals. Dass ihr Menschen euch die Tiere
untertan macht, um sie zu züchten ...
Es ist ganz klar, dass solche Seuchen aufkommen:
um euch aufzuzeigen, dass das, was zurzeit auf der
Erde geschieht, niemals die Vision des Lebens ist.
Niemals.

*ANTWORT: Jetzt gibt es aber das Gegenargument: Pflanzen
sind ja auch Lebewesen.*

MICHAEL: Das Mineral- und Pflanzenreich ist das
Höchstentwickelte, das ihr zu sehen bekommt auf
der Erde.

ANTWORT: Aber Menschen, die gerne Fleisch essen, die sagen, ja ihr tötet ja auch die Pflanzen!

MICHAEL: Aber die Pflanzen stellen sich zur Verfügung! Das ist keine Ausbeute!
Tiere stellen sich niemals zur Verfügung, um geschlachtet und gegessen zu werden. Niemals.
Wenn ihr es in dem Bewusstsein tut wie die Aborigines, die den Geist des Büffels gerufen haben, der dann in das Dorf gekommen ist, um sich zu opfern - das ist ein anderes Bewusstsein.
Aber dieses Bewusstsein gibt es ja gar nicht mehr in euch. Doch es ist so wichtig, dass dieses Bewusstsein wieder in die Herzen der Menschen kommt - das Bewusstsein, dass ihr mit allem eins seid - mit den Tieren, mit den Pflanzen, mit den Mineralien ... Dass ihr wirklich mit allem eins seid.

Überlegt euch diese Qual im Kollektiv-Bewusstsein, wenn über anderthalb Millionen Rinder auf einmal verbrannt werden ...
Überlegt euch diese Angst, die die restlichen Rinder haben, die noch auf der Erde bleiben ...
Und diese Angst nehmt ihr in euch auf, wenn ihr Fleisch esst!
Solange ihr Fleisch in diesem Maße konsumiert, wird es immer Kriege geben. Ihr habt die ganze Aggression der Tiere in euren Zellen gespeichert. Ein Tier, das geschlachtet wird, stößt im Moment des Getö-

tetwerdens ganz stark Adrenalin aus. Das Adrenalin ist in den Zellen. Das nehmt ihr auf - egal, ob Wurst, Fleisch oder Fisch! Ihr habt das in euren Zellen!

FRAGE: Fisch auch? Es heißt ja immer bei den Halb-Vegetariern, Fisch geht noch ...

MICHAEL: Auch ein Fisch hat Bewusstsein! Oh, ja! Ich möchte euch mit diesem Buch wirklich auf-fordern, Vegetarier zu werden.
Es ist niemals die Vision des Lebens auf der Erde, Tiere abzuschlachten - diese Art von Tötung der Tiere ist niemals im Sinne der Vision. Niemals.

FRAGE: Was ist denn mit Milchprodukten, mit Eiern? Sollte man die essen?

MICHAEL: Der Mensch hat es sich zunutze gemacht, Eier in zu großem Maße zu verarbeiten und zu gebrauchen. Überlegt euch das Ausmaß, wenn die Menschen keine Eier essen würden - wie viele Produkte auf der Erde wegfallen würden.
Und es gäbe keine Legebatterien, keine Mastställe, in denen die Tiere gequält werden ...
Auch das ist nicht im Sinne des Lebens!

Wenn ihr das Fleisch reduziert, werden automatisch die Süchte weniger werden. Eure Zellen haben das

Adrenalin gespeichert. Das müsst ihr unterdrücken durch Süßigkeiten, durch Nikotin, damit es nicht herauskommt.

FRAGE: Sollen wir all diese Nahrungsmittel auf einmal weglassen?

MICHAEL: Nein - das Allererste wäre wirklich, keine Tiere mehr zu essen. Das wäre das Allererste, um wirklich in Liebe zu sein - auch mit sich selbst. Denn das ist diese Energie, diese Adrenalin-Energie, die euch in diese Aggression führt.

Warum gibt es so viele Menschen, die töten, die wahllos töten? Ein Teil davon ist, dass diese Gesellschaft auf dieser Erde so viel Fleisch isst! Die Information des Schlachthofes, die Information des Schlächters, die Information der Angst und der Qual, wenn das Tier stirbt - all diese Informationen speichern sich in euren Zellen, wenn ihr das Tier esst.

Wenn du kein Fleisch mehr isst, verändert sich dein ganzes Bewusstsein. Wenn diese Prägungen von Angst und Tod aus deinen Zellen und aus deinem Verstand herausgegangen sind, dann bist du neu und frei ...

FRAGE: Also weniger Fernsehen schauen, am besten gar keines, kein Fleisch essen - dann fällt es mir auch leichter, die Süchte loszuwerden wie Rauchen oder zu viele Süßigkeiten essen, weil ich dann nicht mehr so viele Aggressionen unterdrücken muss?

MICHAEL: Ja.

FRAGE: Gibt es da ein Zeit-Schema - wie lange es dauert, bis man richtig clean ist? Wie lange es dauert, bis die Informationen vom Fleisch aus den Zellen weg sind?

MICHAEL: Auch hier ist es wie mit den Sucht-Stoffen: Sobald du kein Fleisch mehr isst, hört es auf, dass du Adrenalin und Aggressionen unterdrücken musst. Aber sobald du wieder Fleisch isst, sind die Informationen wieder da. Du selbst hast ja diese Erfahrung bereits gemacht...

FRAGE: Jetzt ist der menschliche Körper ja seit vielen Jahren an Fleisch gewöhnt. Es wurde uns auch gesagt, dass im Fleisch bestimmte Stoffe sind, die unser Körper braucht. Wenn wir das jetzt weglassen - wie kann man dann die Umstellung der Ernährung auffangen?

MICHAEL: Wir geben euch so viele Produkte für die Erde, um wirklich alles zu geben, was Fleisch auch hat. Zum Beispiel ist auch das Wissen von der Sojabohne lange Zeit untergraben worden.

FRAGE: Aber das ist doch mittlerweile auch oft genmanipuliert. Wie können wir darauf achten, wie können

wir das herausbekommen, ob das Sojaprodukt sauber ist?
Wir können doch nicht selbst auf die Felder gehen und ernten?

MICHAEL: Wenn ihr unsicher seid, gebt die Nahrungsmittel auf das Ashala-Symbol. Stellt es neun Minuten darauf, und alle gentechnisch veränderten Inhaltsstoffe sind gelöscht. Was aber nicht heißen soll, jetzt nur noch gentechnisch veränderte Produkte zu essen! Auf keinen Fall!

Stellt alle Produkte mit dem Strich-Code darauf. Dann werden alle Informationen aus dem Scan-Zeichen gelöscht.

FRAGE: Also kann ich im Prinzip alle Lebensmittel auf diese Symbol-Karte stellen?

MICHAEL: Ja - du kannst die Karte auch in den Kühlschrank oder in den Schrank geben. Die Lebensmittel halten dadurch länger. Auch die Vitaminzusammensetzungen, die wir euch auf der Erde durch verschiedene Menschen gegeben haben, können das Fleisch schon so lange ersetzen.

FRAGE: Du sprichst von den Vitamin-Präparaten? Es wird doch aber auch von Chemikern oder Wissenschaftlern behauptet, dass zu viele Vitamine sowieso nicht aufgenommen werden. Sie würden alle wieder ausgeschieden. Viele Produkte werden durch die Medien niedergemacht. Stimmt das, dass der Körper nur eine bestimmte Anzahl von Vitaminen aufnehmen kann - das *heißt, Hochdosierungen nützen gar nichts? Oder ist es die Kombination, die wichtig ist?*

MICHAEL: Es ist rein und allein die Kombination, die wichtig ist, damit der Körper die Vitamine aufnehmen kann.

FRAGE: Ist es für alle Menschen gleich, was sie nehmen?

MICHAEL: Es kommt darauf an, was dieser Mensch für ein Suchtverhalten hat, was ihn schädigt. Wenn er sehr viel Alkohol trinkt, braucht er eine andere Zusammensetzung und sehr viel mehr Vitamine als jemand, der überhaupt keinen Alkohol trinkt und kein Fleisch isst.

FRAGE: Kommt es auf die Größe oder auf das Alter des Menschen an oder auf die Ernährungsweise?

MICHAEL: Hauptsächlich auf die Ernährungsweise.

FRAGE: Wie ist es aber, wenn ich - wie mir das schon so ging - gerade nach schwerer körperlicher Arbeit richtig Lust auf ein Stück Fleisch bekomme? Braucht das dann der Körper, weil er so ausgepowert ist?

MICHAEL: Nein, das ist nur der Verstand. Es ist nur eine Information des Verstandes gewesen. Aber dein Körper hätte es nicht gebraucht.

FRAGE: Es gibt doch Erinnerungen an Fleisch- oder Fisch-
Mahlzeiten, die einfach köstlich geschmeckt haben. Das ist doch
dann nicht das Erinnern vom Verstand her, sondern vom Bauch.
Kann es denn dann so verkehrt gewesen sein, das zu essen?

MICHAEL: Nun, das sind die Glücksgefühle, die
kommen von der Hypophyse. Dort werden sie aus-
geschüttet. Diese Glückshormone können auch auf
andere Weise kommen.

FRAGE: Das heißt, wenn ich die richtigen Vitamin-Präparate
habe, schüttet meine Hypophyse permanent Glückshormone
aus und ich brauche dann kein Fleisch und keinen Fisch?

MICHAEL: (lachend) Ja! Es heißt nicht umsonst,
Vitamine machen glücklich. Das ist so!

Es ist sehr wichtig, dass ihr ein anderes Bewusstsein
für eure Nahrung bekommt. Das wird ja jetzt auch
geschehen durch die Informationen dieses Buches.
Überlegt euch das Ausmaß, wenn die Erde wieder
atmen kann, wenn die Erde wieder leben kann, wenn
die Tiere wieder das Licht sehen können ... Überlegt
euch dieses Ausmaß an Freude und Glück! Und ihr
habt daran teil, wenn ihr euch bewusst damit auseinander setzt.

ANTWORT: Ich glaube, es ist wichtig, dass jeder bei sich im
Kleinen damit anfängt. Ich kenne diese Diskussionen: ‚Es nützt
ja sowieso nichts, wenn ich kein Fleisch mehr esse,
es wird ja sowieso weiter geschlachtet‘ - diese Resignation von

vielen Menschen, die wissen, es wäre gut, ihre Ernährung zu verändern, es aber nicht tun ...

MICHAEL: Ja - jeder Einzelne ist gefragt. Es ist ein Trugschluss, wenn Menschen energetisch arbeiten und sagen: ‚Ich brauche Fleisch, damit es mich erdet.' Auch das ist eine Ausrede des Verstandes.

FRAGE: Das Rauchen auch?

MICHAEL: Ja!

ANTWORT: (großes Gelächter) Aber die Schamanen rauchen doch auch oder die Indianer.

MICHAEL: Ja - aber das ist ein völlig anderes Bewusstsein! Wenn die Schamanen Rauch in den Kosmos senden, dann übergeben sie mit diesem Rauch auch einen Gedanken, eine Vision, einen Wunsch in den Kosmos. Das ist ein Ritual.

FRAGE: ... und es macht auch keinen Unterschied, wenn ich ganz reinen Tabak rauche? Es heißt doch, dann hätte man eine andere energetische Information und dadurch würde man automatisch weniger rauchen, dafür aber mit Genuss und Dankbarkeit. Oder ist das auch so ein kleines Sich-selbst-Austricksen?

MICHAEL: Ja! Wenn du täglich und regelmäßig rauchst, dann ist eine Sucht da. Der Körper stellt sich sofort darauf ein.

FRAGE: *Wann fängt die Sucht an - bei wie vielen Zigaretten am Tag?*

MICHAEL: Schon wenn es jeden Tag eine Zigarette ist, ist es eine Sucht. Und es ist so einfach, dies wirklich zu verändern - wenn sich in euch etwas verändert, in den Menschen.

FRAGE: *Es klingt alles sehr einfach, aber diese ganze Vielfalt von schädlichen Dingen, die uns Menschen umgibt ... der Fernseher, das Handy-Netz, die ganzen ungesunden Lebensmittel: Wenn man diese ganzen Informationen zusammennimmt - womit soll ich überhaupt anfangen, um etwas zu verändern? Die Menschen brauchen ja eine Struktur!*
Also zuerst mal kein Fleisch mehr essen, weil andere Süchte wie Süßes oder Zigaretten und Alkohol sich dann automatisch vermindern?

MICHAEL: ... und wenn ihr kein Fleisch mehr esst und trotzdem süchtig seid, ist es richtig, dort mit der Veränderung zu beginnen, die am wichtigsten erscheint. Zum Beispiel die Zigaretten weglassen - den Rauch, der einen vernebelt.

ANTWORT: *Ich erlebe oft bei Menschen, dass sie sagen, sie halten die Anforderungen des Lebens nicht mehr aus. Sie wollen sich im wahrsten Sinne des Wortes rundherum einnebeln.*
Manche Informationen aus der geistigen Welt können auch noch nicht so klar umgesetzt werden. Da ist die Zigarette oft im wahrsten Sinne des Wortes ‚Nebel' beziehungsweise ‚Halt'.

MICHAEL: Aber ihr vernebelt dabei euer Herz, euer Herz-Chakra, und somit kann die Kommunikation nicht klar sein. Und wenn ihr jeden Tag euer Herz vernebelt, kann die Klarheit nicht kommen.

ANTWORT: *Das habe ich nicht bedacht, dass das Rauchen das Herz-Chakra vernebelt. Es ist wirklich schwierig, mit alldem zurechtzukommen, was du uns sagst.*

MICHAEL: Es geht um das Ja: Es geht um das Ja, auf der Erde glücklich zu leben.

Du sagst, wenn du keine Zigarette mehr rauchst, bekommst du viel mehr Konfrontation.
Doch du bekommst auch mehr Emotionalität und mehr Liebe! Durch das Rauchen unterdrückst du sehr viel Liebe – Liebe auch zu dir selbst.

Das ist es nämlich, dass ihr wirklich durch diese Süchte auch nicht mehr in der Liebe seid zu euch selbst. Ihr unterdrückt ganz viel Liebe auch zu eurem Kosmos, zu eurer Erde. Und das bringt natürlich Konfrontation!

Wenn ihr seht, wie offen ihr seid, wenn dieses Vernebeln nicht da ist ... Ihr kommt schneller, viel, viel schneller zum Ziel, wenn ihr nichts vernebelt. Ihr kommt viel schneller zur Manifestation eines Gedankens oder einer Ebene.

ANTWORT: Ich denke, das heißt dann, diese Phase, in der ich mich auch sehr verletzbar fühle, geht vorbei. Ich kann diese Verletzbarkeit, die ja auch Schmerzen auslöst, umwandeln in immer tiefere Liebe zu mir und zu anderen. Doch die Übergangszeit ist sehr schmerzlich ... Ich mache es dann meist so, dass ich viel esse – und das ist dann wieder eine Barriere um mich herum ...

MICHAEL: ... aber das brauchst du doch nicht! Vertraue! Das macht doch die Süchte aus – dass die Menschen sich selbst nicht vertrauen.

Doch wenn du dir vertraust, geht alles ganz leicht.

FRAGE: ... und ich kann dich dabei immer wieder um Hilfe bitten?

MICHAEL: Ja. Immer. Aber du sollst dir keinen Druck machen. Lass es langsam und spielerisch entstehen. Mache kein Dogma daraus.
Dieses Buch soll niemanden in ein paar Stunden zu einem Nichtraucher werden lassen ...
(Allgemeines Gelächter.)

Lasst es langsam geschehen! Macht euch niemals einen Druck und denkt, dass ihr was Schlechtes tut. Damit gebt ihr dem Ganzen wieder viel mehr Aufmerksamkeit und Energie.

FRAGE: Weil wir dann wieder nicht in der Liebe, sondern in der Bewertung stehen?

MICHAEL: Ja!

FRAGE: Braucht der Abstand von der Sucht eine gewisse Zeit? Ist das so, wenn man sich richtig auseinander setzt damit, dass das Verlangen phasenweise mehr wird – wider besseres Wissen?

MICHAEL: Du meinst, wenn du aufhören willst, dann rauchst du noch viel mehr?

ANTWORT: Ja, ich nehme ja im Moment die Essenzen, und ich beobachte das: Das Verlangen wird zeitweise mehr, zwischendurch auch mal weniger. Es schwankt sehr. Auch bei allen möglichen anderen Dingen, die ich ändern will, wie zum Beispiel beim Essverhalten. Merkwürdig ...

MICHAEL: Ja, die Programmierung in den Zellen erfahren eine Veränderung, wenn ihr die Essenzen nehmt. Doch wenn du bewusst in Liebe sagst: ‚Ich verändere mein Leben, ich habe die Kraft und den Mut, diese Zigarette meinem Körper nicht mehr zu geben' – das ist gut.
Es ist ganz wichtig, dass ihr das Ganze positiv seht. Dass ihr nicht denkt: ‚Jetzt habe ich keine Zigarette mehr, jetzt geht es mir schlecht.' Es geht wirklich darum, dass ihr das positiv seht. Und deshalb sind diese Schwankungen da – von ganz viel Verlangen zu ganz wenig. Aber man kann nicht sagen, wenn jemand sieben Jahre nicht geraucht hat, dass er dann Nichtraucher ist. Nein. Das geht nicht.

Genauso ist es auch mit den Handys. Telefoniert wirklich nur mit Handys, wenn ihr das unbedingt müsst. Habt sie nicht 24 Stunden in eurer Aura, in eurem Energiefeld. Das schwächt. Nehmt sie nur, wenn ihr sie braucht.

FRAGE: Trotz des Schutz-Amuletts von dir ist es wirklich besser, es so zu tun?

MICHAEL: Ja! Es ist wirklich besser, das Handy nur dann anzumachen, wenn ihr es auch wirklich benutzt.

ANTWORT: Ich habe festgestellt, ich konnte nur per Kopfhörer mit dem Handy telefonieren: Ohne Kopfhörer wurde mein Ohr heiß, mein Arm hat wehgetan. Mein Kopfhörer ging kaputt, aber ich habe das Schutz-Amulett getragen, und die Symptome blieben weg: kein heißes Ohr, der Arm tat nicht weh - ich hatte keine Schmerzen. Das fand ich schon sehr gravierend. Vorher habe ich es kaum ausgehalten, nach zwei Minuten hatte ich schon das Gefühl, ich muss aufhören zu telefonieren.

MICHAEL: Trotzdem ist es besser, das Handy nur anzumachen wenn ihr auch wirklich telefonieren wollt. Das Amulett hebt die körperlichen Symptome auf, wie du ja gemerkt hast. Der Schutz-Aufkleber ist auch für andere Geräte: für den Computer, für das Telefon - du kannst an alles so ein Button machen, was nicht die kosmische Strahlung hat. Auch an den Herd. An den Sicherungskasten.

FRAGE: Wenn ich den Schutz-Aufkleber an dem Sicherungskasten anbringe, habe ich alles, was danach kommt, entstört?

MICHAEL: Ja, genau. - Habt ihr noch Fragen zu eurer Vision auf der Erde?

FRAGE: Gibt es ein schönes Gebet, das die Menschen abends oder tagsüber oder wann auch immer sie wollen beten können? Kannst du uns ein paar Worte sagen für unseren Weg der Liebe, des Vertrauens? Das fände ich schön!

GEBET VON MICHAEL:
Mein geliebtes Ich-Bin. Das Leben auf der Erde bringt mich mit so vielen Energien zusammen, die nicht in der Liebe sind. Ich bitte dich, auf mich aufzupassen, um jeden Moment in der bedingungslosen Liebe zu sein. Ich möchte nicht mehr länger teilhaben an dem Leid und an der Verletzung, die der Erde und dadurch jedem Lebewesen auf der Erde angetan wird. Ich bitte dich, lass Frieden in mir werden, denn dann kann Frieden auf der ganzen Erde sein. Ich liebe dich, und ich liebe mich.

Ihr seid das Licht auf der Erde.
Erinnert euch daran jeden Moment neu.

In tiefem Frieden

Erzengel Michael

Channeling vom 27.08.2002

FRAGE: Wie kann ich meine Lebensaufgabe erkennen? Was ist meine Vision auf der Erde?

MICHAEL: Indem du das tust, was leicht geht. Ihr habt so viele Aufgaben - nicht nur eine. Aber wenn du das tust, was leicht geht, bist du schon auf dem Weg. Ganz einfach! Es ist sehr wichtig, immer wieder hineinzuspüren, sich immer wieder zu hinterfragen.

FRAGE: Manchmal fängt etwas leicht an, dann kommen die ersten Hürden - heißt das, das ist wieder ein neuer Weg, oder gehört das zum Lernprozess, dass es zwischendurch etwas ‚holprig' wird? Geht es darum, an den Steinen, die im Weg liegen, zu reifen, um dann wieder in die Leichtigkeit und in den Frieden zu kommen?

MICHAEL: Ja. Es heißt nicht, dass es der falsche Weg war. Vor allem geht es darum, in das Vertrauen zu kommen.

FRAGE: Diese Steine betrachte ich immer als Prüfung, ob ich in diese Leichtigkeit gehen kann. Ist es eine Prüfung oder ist es ein Innehalten?

MICHAEL: Manchmal ist es ein Innehalten. Es geht vor allem um Vertrauen. Aber du kannst nicht sagen: ‚Was ist meine Lebensaufgabe?', denn du hast viele mitgebracht, nicht nur eine.

FRAGE: Ist es nicht so, dass man auf die Erde kommt mit einer ganz bestimmten Aufgabe, die man dann im Laufe seines Lebens erfüllt? Und dass man damit auch den Sinn der Inkarnation und die Beteiligung an dem großen Gesamtprojekt erfüllt?

MICHAEL: Es sind zwölf: zwölf Seelen-Anteile, zwölf Bewusstseins-Anteile und zwölf Lebensaufgaben.

FRAGE: Und du hast gesagt, das, was leicht fällt, gehört zur Lebensaufgabe?

MICHAEL: Ja.

FRAGE: Und die anderen Prüfungen, die einem sehr schwer vorkamen und sehr schwer zu bewältigen waren - sind das die Steine oder die Felsen, die auf dem Weg liegen?

MICHAEL: Anschauen und Vertrauen wird dich wieder in die Leichtigkeit bringen. Vergiss nicht die Leichtigkeit dabei.

FRAGE: Das heißt also, den Berg hochsteigen und dann beschwingt und fröhlich herunterkommen?

MICHAEL: Genau so leicht den Berg hochsteigen ...! Das ist wichtig für euch auf der Erde: den Berg leicht hochsteigen, innehalten, anschauen und auch wieder leicht heruntersteigen. Und nicht daran verzweifeln. Kein Berg ist zu hoch. Ihr seid stärker, als ihr denkt - viel, viel stärker, als ihr denkt. Deshalb habt Vertrauen in euch.

FRAGE: Das ist aber sehr schwer, wenn man in einer Lebenssituation steckt, in der man sich fühlt wie im Windkanal - wenn Dinge passieren, die man kaum begreifen und bewältigen kann. Wie kann ich diesen Menschen klar machen und vermitteln: ‚Habt Vertrauen.'? Die sagen erst mal, lass mir meine Ruhe, ich kann nicht mehr!

MICHAEL: Mit Leichtigkeit. Mit Hingabe.

FRAGE: Ich soll diesen Menschen sagen, sie sollen sich mit Leichtigkeit dieser Situation hingeben?

MICHAEL: Ja. Dann verändert sich alles. Alles.

ANTWORT: Wenn jemand einen schwierigen Verlust erlitten hat durch Tod oder Trennung oder wenn in der Familie jemand schwer krank oder behindert ist, ein Kind zum Beispiel - da fühlt man sich zunächst einmal gefangen in Trauer und in tiefem Schmerz. Dann zu sagen, tragt es mit Leichtigkeit und Vertrauen - das geht nicht. Da müsste man ein anderes Vokabular finden.

MICHAEL: Das, woran es eurer Gesellschaft am meisten hapert, ist Mitgefühl. Das fehlt auf der ganzen Erde.

FRAGE: Das heißt, wenn ich mit Menschen zusammenkomme, die in tiefem Leid stecken, dann kann ich ihnen die Situation erleichtern, indem ich Mitgefühl zeige?

MICHAEL: Ja! Aber nicht selbst aufopfern, sondern erleichtern. Das ist wichtig.

FRAGE: Also nicht mit-leiden, sondern mit-fühlen?

MICHAEL: Ja. Denn das wird oft falsch verstanden auf der Erde. Ihr könnt niemandem irgendein Leid abnehmen. Ihr könnt jemandem das Gefühl geben, dass ihr für ihn da seid - aber niemals mit-leiden. Das ist der falsche Weg.

FRAGE: Das heißt, wenn ich im Mitgefühl bin, dann bin ich automatisch auch im Vertrauen. Und wenn ich im Vertrauen bin, dann ist das auch ein Geschenk für die Menschen, mit denen ich fühle. Ist es letztendlich unser aller Aufgabe, in diesem Mitgefühl zu sein, darüber das eigene Vertrauen zu gewinnen – zu vertrauen, ganz gleich, was auf der Erde passiert - und dieses Gefühl den anderen Menschen zu vermitteln?

MICHAEL: Ja. Damit könnt ihr die Menschen stärken.

FRAGE: Wir haben zwölf Lebensaufgaben. Das eine große Ziel ist die Liebe, ein anderes Ziel ist Vertrauen. Das sind zwei Lebensaufgaben. Wie findet man die anderen zehn heraus? Sind diese Lebensaufgaben die Begleiterscheinungen, die Prüfsteine, die mich zu dem großen Ziel ‚Liebe' bringen?

MICHAEL: Es sind alles Aufgaben, die dich zur Liebe bringen.

FRAGE: Vergeben oder Loslassen könnten solche Aufgaben sein.

MICHAEL: Ja.

FRAGE: Wie ist das eigentlich bei Tieren? Haben die auch zwölf Seelen-Anteile?

MICHAEL: Ja.

FRAGE: Für mich sind Tiere ein Geschenk Gottes. Sie lehren uns Leichtigkeit und Vertrauen. Was haben Tiere noch für Aufgaben?

MICHAEL: Sie können die Menschen bedingungslos in die Liebe bringen.

FRAGE: Mit zwölf verschiedenen Möglichkeiten?

MICHAEL: Ja - mit dem, was ihnen offen steht. Es kommt auch darauf an, wie die Menschen sie annehmen und aufnehmen.

FRAGE: Unterscheiden sich die Tiere darin? Gibt es Unterschiede zwischen den einzelnen Tierarten?

MICHAEL: Nein, sie unterscheiden sich nicht.

FRAGE: Das heißt, alles gehört zu dieser Vision des Lebens dazu?

MICHAEL: Ja. Alles.

FRAGE: Kann man herausfinden, auf welcher Seelen-Ebene man sein Leben gerade verbringt und ob man die Aufgaben dieser Ebene schon alle gelöst und erlöst hat?

MICHAEL: Wenn du zum Beispiel gerade auf der 7. Seelen-Ebene schwingst und dich dort mit dem Thema auseinander setzt, das dich wieder in die Liebe führt, dann heißt das, dass die anderen sechs Ebenen bereits erledigt sind. Damit sind sie auch erlöst, und du kannst zur nächsten Stufe kommen. Aber haltet euch nicht mit diesen Stufen auf. Das ist nur eine Information.

FRAGE: Emanuel sagte, man solle seinen leiblichen Namen annehmen, ihn nicht abkürzen. Ich habe jetzt einen leiblichen Namen und auch einen Seelen-Namen. Ich fühle, beide gehören zu mir. Muss ich mich jetzt für einen der beiden Namen entscheiden - wäre das klug im Hinblick auf meine Lebensaufgaben? Wenn ja, für welchen Namen soll ich mich entscheiden? Emanuel sagt ja, der leibliche Name gehört zur Seelenentwicklung dazu.

MICHAEL: In dem Moment, wo dir dein Seelen-Name bekannt ist, ist die Verbindung der Seele mit dem Außen hergestellt. Er ist die Bezeichnung deines Seelen-Anteils für die Erfahrung, die er jetzt gerade machen will - in diesem Moment, hier. Deshalb kannst du diesen Seelen-Namen sehr gern tragen und benutzen. Denn immer, wenn du so angesprochen wirst oder du diesen Namen selbst sagst, erinnert er dich an deine Mission.

FRAGE: Und wo rückt der leibliche Name hin - welchen Stellenwert hat er?

MICHAEL: Dieser leibliche Name ist dafür da, dass du dich immer mehr verabschiedest von dieser Person - von dieser ‚alten' Karin, die diese ganzen Prozesse durchlebt hat von Geburt an. Von allem, was du damit verbindest, kannst du dich immer wieder verabschieden. Aber Seetakara kennt das Jetzt, und Karin hält dich auf der Erde. Und deshalb sagt Emanuel: ‚Haltet den Namen bei.' Aber Seetakara ist deine Seelen-Ebene. Und deshalb kennt sie nur das Jetzt - das, was sie jetzt erleben will.

ANTWORT: Dann wäre es doch so: Wenn die Wahrheit die Liebe ist und wenn die Liebe - weil sie ja Energie ist - unabhängig ist von der Materie, würden wir ja mit dieser Aussage von Emanuel: ‚Haltet den Namen bei.' gar nicht zu dieser Liebe kommen. Wir würden ja immer nur an der Materie haften.

MICHAEL: Es ist für den Körper, die Hülle - für die irdische Karin. Seetakara ist zurzeit dein Innenleben.

FRAGE: *Das habe ich ja begriffen, und wenn ich mit Seetakara angesprochen werde, lebe ich in meiner Seelen-Ebene ...*

MICHAEL: Du wirst immer wieder daran erinnert. Es kommt immer wieder die Energie dahin.

FRAGE: *Soll man da jetzt den leiblichen Namen weglassen? Oder - so habe ich Emanuel verstanden - soll man beide benutzen, um die Aufgabe hier im Körper, in der Materie und mit der Materie, zu leben?*

MICHAEL: Deshalb sagte ich ja, der leibliche Name hält euch auf der Erde.

FRAGE: *Jetzt habe ich aber immer noch nicht verstanden - soll ich den leiblichen Namen jetzt tragen oder nicht?*

MICHAEL: Das steht dir völlig frei. Für deine jetzige Situation: Lege ihn ab.

FRAGE: *Wegen meiner neuen Geburt. Also wäre es ja - um wieder zum Buch-Thema zu kommen - für alle Menschen wichtig, ihren Seelen-Namen zu wissen.*

MICHAEL: Ja. Es wäre sehr wichtig.

FRAGE: *Wie kommt es, dass sich viele zuerst mal lustig machen über diesen Namen, dass er so schwer angenommen wird?*

MICHAEL: Weil es etwas Fremdes ist für die Menschen.

FRAGE: *Die Erfahrung hat gezeigt: Wenn man das erklärt, wird es akzeptiert.*

MICHAEL: Ja. Euer Name ist wichtig für die Vision eures Lebens.

FRAGE: *Jeder leibliche Name hat ja auch eine bestimmte Bedeutung. Mein Name - Gertrud - bedeutet ,die mit dem Speer Kämpfende' oder ,die Bezauberin der Speere'. So gibt es auch für andere Namen Definitionen. Ich habe gehört, man sucht sich vor der leiblichen Inkarnation diesen Vornamen aus, um damit auch eine der Lebensaufgaben in dieser Inkarnation darzustellen. Ist das so, dass der leibliche Vorname einen daran erinnern soll?*

MICHAEL: So ist es nicht. Wenn du von deinen Eltern Gertrud genannt wurdest, ist damit nicht das zwölfte Chakra, der zwölfte Seelen-Anteil, gemeint. Wenn die Eltern bewusst wären, würden sie den Namen der zwölften Seelen-Ebene von dem Kind bekommen. Aber das wird jetzt mehr und mehr kommen, dass die Eltern, die jetzt die Indigo-Kinder auf die Erde bringen, auch diese Namen wissen. Dieser irdische Name - Gertrud - ist einfach ein Ausdruck deiner Eltern, diesem Körper einen Namen zu geben.

FRAGE: Aber ist der leibliche Name, der physische Name, nicht auch wichtig? Er verbindet ja den Körper mit der Erde. Hat er da nicht auch eine Funktion?

MICHAEL: Am Anfang ja. Aber dann nicht mehr.

ANTWORT: Ab einem gewissen Alter kommt bei diesen Kindern der neue Name. Ich habe mit einer Freundin zusammen während ihrer Schwangerschaft Kontakt mit dem Kind aufgenommen. Wir haben nach seinem Namen gefragt, und es wollte Kiara genannt werden. Es kann aber sein, dass sie mit vier, fünf Jahren sagt, jetzt kommt ein neuer Name dran. Auch die Aborigines gaben sich ja immer wieder neue Namen - je nach Entwik-klungsstand und Entwicklungsbedürfnis.

MICHAEL: Und dieses Buch soll euch wieder dahin führen - in das Herz, in das Vertrauen, in die Liebe - und dadurch zu euch selbst. Gibt es noch Fragen zu der Vision?

FRAGE: Die Indigo-Kinder, die zu dieser Bewusstseins-Transfor-mation beitragen - man weiß jetzt, dass immer mehr Down-Syndrom-Kinder bei immer jüngeren Eltern kommen. Wie sieht das mit der Aufgabe der Down-Syndrom-Kinder aus - geht das in die Richtung Indigo-Kinder, in diese Transformation? Oder warum kommen immer mehr Down-Syndrom-Kinder zur Welt?

MICHAEL: Schaut euch die ganzen Handy-Masten an auf der Welt. Selbst eine Kuh, die in der Nähe von Handy-Masten steht, gebärt Kälbchen, die behindert sind. So wenige Menschen schützen sich vor dieser Strahlung. Diese Strahlung verändert eure Gene, eure DNA. Und deshalb gibt es auch vermehrt diese Wesen mit dem Down-Syndrom.

FRAGE: Es gab ja schon Down-Syndrom-Kinder, bevor es Handy-Masten gab. Ich habe die Aussage eines Down-Syndrom-Kindes, das sagte: ,Wir kommen von einem besonderen Stern, um den Menschen Lieben und Lachen zu lehren.' Die Down-Syndrom-Kinder sind ja ganz besonders liebevolle und freie Wesen. Kommen sie sozusagen von einem anderen Stern, um den Menschen die wichtigen und wahren Werte zu zeigen? Eltern von Down-Kindern und auch Eltern von anderen behinderten Kindern sagen, das Leben ist oft schwierig und belastend, aber sie bekommen so viel Liebe zurück, und ihr Bewusstsein für wirkliche Werte im Leben verändert sich. Oder ist es so, dass diese Kinder, die immer zahlreicher geboren werden, uns sagen wollen: ,Halt, stopp, schaut euch an, was ihr mit der Erde tut, ihr müsst sofort etwas ändern.'?

MICHAEL: Jedes Lebewesen auf der Erde hat den göttlichen Funken. Wie es den auf der Erde umsetzt, entscheidet die Seele. Aber der göttliche Funke ist immer da, bedingungslos. Aber ihr erschafft euch durch diese ganzen Technologien auch andere Seelen, die auf die Erde kommen - die sich dazu bereit erklären, ,zu tragen', etwas auf sich zu nehmen. Deshalb ist der Schutz ja auch so wichtig und das Bewusstsein dafür, dass wir der Welt immer mehr geben.

FRAGE: *Du hast einmal gesagt, dass Leid und Missbrauch nicht im göttlichen Plan sind. Hier - bei der Technologie, bei den Funkmasten - geht es ja auch um Macht. Ich habe dich so verstanden, dass im göttlichen Plan nicht die Auseinandersetzung mit Macht-Strukturen ist. Wenn jetzt diese Down-Syndrom-Kinder oder die schwerbehinderten Kinder Seelen sind, die sich uns zur Verfügung stellen ...*

MICHAEL: ... um diese Liebe, die sie präsentieren, weiterzubringen ...

FRAGE: *... opfern sie sich damit den Macht-Strukturen?*

MICHAEL: Sie setzen ein Zeichen. Sie opfern sich. Aber nicht nur - es sind auch ganz viele Medikamente, die das erzeugen.

FRAGE: *Was ist mit den Ärzten, die so viel Macht ausüben und Menschen benutzen, um ihre Maschinen einsetzen zu können, statt zu helfen - wie können wir uns gegen diese Machenschaften wehren?*

MICHAEL: Wenn die Menschen aufhören, Fleisch zu essen, hat auch diese Ebene keine Chance mehr.

FRAGE: *So simpel ist das - dann gehen die Süchte weg und wir sind diesen Mächten nicht mehr ausgeliefert?*

MICHAEL: Dann lebt der Körper endlich richtig!

177

FRAGE: Das heißt auch, wenn ich aufhöre, Fleisch zu essen, habe ich mehr Kraft, um mich gegen diese Machenschaften zu wehren?

MICHAEL: Ja! Denn da ist keine Seele mehr, die dich schwächt. Aber begegnet diesen Menschen auch in Liebe. Diese Ärzte sind auch nur Opfer, die in dieses System des Manipulierens hineingeraten sind. Es ist auch wichtig, ihnen Liebe zu schicken, ganz viel Liebe! Damit sie begreifen ... Das ist wichtig.

FRAGE: Ist es aber so, dass diese behinderten Menschen, die es immer mehr auf der Erde gibt, und dieses Chaos mit Flutwellen, Stürmen und Vulkanausbrüchen die Menschen sehr nachdrücklich darauf aufmerksam machen und damit ein Zeichen setzen: ‚Passt auf, was ihr mit der Erde anstellt, was ihr den Menschen und den Tieren antut'.?

MICHAEL: Und ihr werdet darauf aufmerksam gemacht: Kommt wieder in Liebe zusammen. Es sind ganz große Zeichen.

In tiefem Frieden

Erzengel Michael

Karma?

MICHAEL: Nun das neue Kapitel: Karma?

Krankheit ist kein Karma. Missbrauch ist kein Karma.

FRAGE: Wie das? Von all diesen Dingen, von denen ich glaubte, sie sind Karma - jetzt sagst du, es ist kein Karma. Es gibt viele Bücher darüber, es gibt viel Erfahrung darüber - ich habe viele Rückführungen mit mir und mit anderen gemacht, um Karma aufzulösen. Und es hat funktioniert. Was haben wir denn da aufgelöst?

MICHAEL: Karma ist ‚ein Sich-erinnern, etwas anderes zu tun'. Wenn du nicht in deiner Lebensaufgabe bist, die dieser Seelenstufe gerade entspricht, kann sich Krankheit manifestieren im Körper.

FRAGE: Als Zeichen zum Aufwachen - aber nicht als Ursache-Wirkung-Effekt, sozusagen als Strafe?

MICHAEL: Nein. Karma ist ein Aufwachen, um dich zum Jetzt zu bringen.

ANTWORT: *Ich höre es – aber es geht nicht in mich hinein. Es ist seit vielen Jahren mein Weltbild, es war immer für mich eine plausible Erklärung, warum viele Dinge auf der Welt passieren. Es hat es mir leichter gemacht, damit ‚sein' zu können – aber nicht etwa fatalistisch nach dem Motto: ‚Ich kann ja sowieso nichts ändern.' Ich habe geschaut, was ich auflösen kann, um freier und in Liebe mit mir eins zu werden. Karma war für mich etwas, was ich selbst – wenn auch nicht im Sinne von Schuld – bewirkt habe. Und dieses Weltbild stimmt jetzt nicht mehr ...*

MICHAEL: Es sind die Erinnerungen in euren Seelen-Anteilen an frühere Leben, die ihr gespeichert habt. Jeder Seelen-Anteil kommt ja mit einem anderen Bewusstsein auf die Erde, um gerade das zu erleben, was er erleben will.

Doch so, wie du jetzt bist, kommst du nie wieder auf die Erde, weil deine Seelen-Anteile sich verbinden mit dem Großen, Göttlichen. Du kommst wieder auf die Erde zurück mit elf völlig neuen Seelen-Anteilen. Nur der zwölfte bleibt gleich.

FRAGE: *Das heißt, die elf Anteile kommen zu dem zwölften dazu, sie werden eins. Und in der nächsten Inkarnation kommen zu dem zwölften Anteil, der ja immer gleich bleibt, elf völlig neue dazu? Jetzt habe ich das aber immer so verstanden, dass die Seele sich weiterentwickelt. Und ich habe immer verstanden, Gott ist Gott – er muss sich nicht weiterentwickeln.*

MICHAEL: Deshalb ist der zwölfte Seelen-Anteil immer gleich. Alle anderen elf kommen bewusst mit auf die Erde, um etwas zu erfahren.

FRAGE: Karma heißt also einfach, sich zu erinnern? Niemand sagt: ‚Du musst dich erinnern' - es ist nur ganz einfach ein Erinnern?

MICHAEL: Es ist ein Erinnern, das JETZT zu leben. Deshalb ist eine Inkarnations-Therapie nichts Schlechtes. Denn wenn die Menschen auf einem falschen Weg waren, werden sie durch diese Heilung auf einen neuen Weg geschickt. Das ist gut.

FRAGE: Karma ist ein Erinnern, Inkarnations-Therapie ist ebenfalls ein Erinnern. Ich werte es nicht mehr so, als müsste ich es erleben, weil ich mal in der Opfer- oder mal in der Täterrolle war. Das heißt, ich erinnere mich, ohne es zu werten - einfach, um jetzt einen anderen Weg zu gehen?

MICHAEL: Karma ist nicht Schuld und Vergeltung.

FRAGE: Ist es nicht so, dass bestimmte Seelen-Anteile sich vorgenommen haben, in der aktuellen Inkarnation das zu erleben, was sie in einer anderen Inkarnation einem anderen Menschen angetan haben? Einfach, um die Erfahrung zu machen - nicht als Opfer-Täter-Konstellation?

MICHAEL: Nein. Das ist nicht im göttlichen Plan. Das ist der Verstand, der so arbeitet, aber nicht das Herz.

FRAGE: Wieso geschieht es dann immer wieder, dass wir so gewaltig mit Macht konfrontiert werden? Sind das die dunklen Gegenspieler, die unseren Weg ins Licht erschweren oder verhindern wollen?

MICHAEL: Es geht immer nur um die Liebe. Wenn du immer wieder zurückkehrst - zurückkehrst - zurückkehrst in verschiedene Missbrauchs-Erlebnisse, werden sich diese Erlebnisse verkapseln. Sie sind eingefroren. Und du wirst sie in verschiedenen Situationen im nächsten Leben, in einer anderen Form, wieder erleben - bis du Liebe schickst.

FRAGE: Wo sind sie eingefroren? In Seelen-Anteilen? In Emotionalkörpern von Seelen-Anteilen? Und in welchen? Kommen zufällig diese Seelen-Anteile immer wieder, in der diese Erfahrungen gespeichert sind - oder wie ist das?

MICHAEL: Es sind bei neuen Inkarnationen immer wieder Seelen-Anteile dabei, die diese Erfahrungen ebenfalls gemacht haben. Deshalb kommt bei Heilungsprozessen so vieles heraus. Wenn du einmal diese Liebe hinschickst, ist die Erfahrung gelöscht.

FRAGE: Ja, das kann ich jetzt verstehen. Ich habe auch erfahren, dass ich dadurch, dass ich Liebe schicke, verzeihen kann. Und dadurch lerne ich zu verstehen - auch die, die missbrauchen. Aber: Warum gibt es einmaligen Missbrauch - und warum gibt es Missbrauch auch an Kindern, der über Jahre hinweg tagtäglich erzwungen wird? Warum diese Unterschiedlichkeit in der Intensität dieser Macht-Erfahrung? Woher kommt das?

MICHAEL: Noch einmal zum besseren Verständnis: Ein Seelen-Anteil, der auf die Erde kommt, um Erlebtes zu heilen, sucht sich nicht aus, nochmals missbraucht zu werden. Das ist ganz klar nicht im göttlichen Plan. Wenn du fragst, warum es verschiedene Situationen gibt von sexuellem Missbrauch - es ist rein die Kraft, die du haben musst dafür, dich dennoch zu lieben. Und in diesem Bewusstsein wird es kein Mensch auf der Erde mehr tun.

FRAGE: *Das heißt, die Kraft in mir war so stark gegen mich, dass ich das über Jahre hinweg tagtäglich erfahren musste?*

MICHAEL: Weil du nicht anders konntest, ja. Wenn du mit einer anderen Stärke der Liebe für dich auf die Erde gekommen wärst, hätte dir niemand etwas angetan. Denn die Liebe ist das stärkste Gegenmittel.

FRAGE: *Wenn du täglich missbraucht wirst, musst du ,kerngesund' sein, um in diese Liebe zu kommen, um diese Liebe zu spüren ... Du fühlst dich nur noch schuldig und schlecht, unter Druck und erpresst. Wie kann man im Alter von vier oder elf oder 14 Jahren in der Lage sein, diese Liebe zu spüren? Irgendwo muss ich sie ja gespürt haben!*

MICHAEL: Ja, sonst wärst du ja nicht hier.

FRAGE: *Welche Kraft ist so groß, die gegen Liebe steuert?*

MICHAEL: Die Macht. Nur die Macht.

FRAGE: *Diese Kinder, die Missbrauch erfahren – sind das Menschen, die diese Macht-Anteile auch in sich tragen? Haben sie diese Kraft, gegen die eigene Liebe zu gehen? Sind diese Macht-Strukturen Anteile der Seelen? Woher kommt diese Macht?*

MICHAEL: Durch euren Verstand. Menschen, die so etwas tun, leben ja erst einmal ihren Verstand, ihre Fantasie aus, bevor sie missbrauchen. Und dieses Vorher-Ausleben gibt ihnen schon Kraft dazu.

FRAGE: *Dann sind Menschen, die misshandeln oder missbrauchen, ja gar nicht Opfer eigener Geschichte – Opfer, weil sie selbst misshandelt wurden. Es ist der Verstand, der sie dazu bringt, andere zu missbrauchen?*

MICHAEL: Ja. Und die fehlende Liebe, die als Macht gesehen wird. Aber das Bild wird sich verändern auf der Erde. Doch es ist kein Karma, missbraucht oder misshandelt zu werden. Dazu kommt man nicht auf die Erde.

FRAGE: *Ist es so, dass diese Macht so lange ausgeübt wird, bis ich zu meiner eigenen Liebe finde?*

MICHAEL: Ja. Deshalb lassen sich ja immer noch so viele Frauen von Männern misshandeln, die sie als ihre Partner ansehen. Es ist egal, ob sexuell oder im Beruf oder in anderen Lebensbereichen – überall ist es die Macht, die ausgeübt wird.

FRAGE: Um es nochmal ganz klar zu machen: Karma ist sich erinnern, dass und wo man auf dem falschen Weg ist, und ein eigenes Zurückfinden auf den richtigen Weg?

MICHAEL: Ja. Aber auch zurückfinden mit Hilfe anderer Menschen.

FRAGE: Ist Karma, sich zu erinnern an Gott, an die Liebe - und daran, dass man eigentlich frei ist?

MICHAEL: Ja! Jederzeit und jeden Moment bist du frei. Das ist Karma: Gott, Liebe und Freiheit.

FRAGE: Woher kommen dann diese seit Jahrtausenden mündlich und schriftlich überlieferten Informationen, dass Karma ,Ursache und Wirkung' ist? Es wird ja von Millionen Menschen geglaubt. Jetzt sagst du, das ist nicht so?

MICHAEL: Es geht immer wieder darum, euch Menschen auf der Erde kleinzuhalten durch das Schuldgefühl und die Angst. Um sie gefangen zu halten in der Macht.

ANTWORT: Ich glaube, um aus diesem Gefängnis herauszukommen, ist es wichtig, dass der Mensch sich mit all seinen Anteilen akzeptiert. Auf der Erde ist Polarität, also gehören auch so genannte negative Empfindungen oder Emotionen zum Menschen, wie Wut oder Hass. Wenn man das akzeptiert, sind diese ,dunklen Seiten' gar nicht mehr so dunkel, diese Emotionen haben ihre Schrecken verloren. Damit ist man auch nicht mehr irgendwelchen Mächten ausgeliefert.

MICHAEL: Emotionen leben ist auch Transformation. Und somit können dich auch Emotionen aus dem Karma herausführen. Keine Situation auf der Erde ist aussichtslos. Keine. Das ist wichtig.

FRAGE: Wie können Emotionen aus dem Karma herausführen? Es geht doch nicht um Herausführen, sondern darum, sich zu erinnern. Ist es so, dass das Erinnern kommt, während ich die Emotionen habe? Dass ich, wenn ich Wut habe, mich erinnere, diese Wut herauslasse und transformiere?

MICHAEL: Ja, genau! Weil du dann wieder frei bist.

FRAGE: Es heißt, die derzeitigen Naturkatastrophen überall auf der Welt gehören zum Karma der Menschen und tragen dazu bei, die Erde zu reinigen. 10 Millionen Chinesen sollen wegen Überflutung in ihrem Land evakuiert werden. Es heißt, eigentlich hat die Erde nur Kapazität für 30 Prozent der Menschen, die zurzeit auf der Erde wohnen. Das sagt eine alte Prophezeiung, und das verbreitete kürzlich eine große deutsche Versicherung in Rundschreiben. Was läuft da jetzt ab? Ist die Erde am Kippen, wird das alte Karma ausgelöscht?

MICHAEL: Alles, was nicht in der Liebe ist, wird zusammenbrechen. Habt keine Angst!

FRAGE: Gibt es ein Kollektiv-Karma, dass also ein ganzes Volk gleichzeitig durch ein gemeinsames Schicksal aufgefordert ist, sich zu erinnern, um in die Liebe zu kommen? Ich denke da an die Juden oder die Indianer. Wenn es nicht Karma ist - was ist es, dass so viele Millionen Menschen in Scharen abgeschlachtet werden?

MICHAEL: Mord ist nicht im göttlichen Plan. Niemals. Das ist auch wieder die Macht. Aber es gibt kein kollektives Karma, es gibt kein Völker-Karma.

FRAGE: Warum gibt es das überhaupt, diese Brutalität, diese Gewalt? Warum wird Menschen diese Macht zugestanden?

MICHAEL: Ihr schlachtet ja auch die Tiere. Ihr seid nicht in der Liebe. Solange ihr euch Tiere zunutze macht, wird es überall auf der Welt Kriege geben. So wie ihr mit Tieren umgeht, so geht ihr mit Menschen um. Wenn ihr das eine kapiert, kapiert ihr auch das andere sofort. Und jeder kann bei sich selbst anfangen.

FRAGE: Astrologisch gesehen sind wir im Wassermann-Zeitalter. Wassermann bedeutet, Individuum zu sein im Kollektiv, in der Gemeinschaft. Das heißt, dass ich bei mir - beim Einzelnen - anfangen muss, in meine eigene Verantwortung und Wertschätzung kommen muss und das dann übertragen soll auf die anderen Menschen und die Tiere. Wenn wir das tun, schließen wir wieder den Kreis - wir finden wieder zueinander. Dann sind wir wieder in der Mission des Lebens auf der Erde. Habe ich das so richtig verstanden?

MICHAEL: Ja. Karma bedeutet auch Verstehen. Die Wahrheit verstehen. Ich werde euch in der nächsten Einheit in eine Meditation führen, damit ihr von diesem alten Begriff ,Karma' wegkommt. Damit die Menschen wirklich frei davon sind. Das ist sehr wichtig.

ANTWORT: Eigentlich wurde der Begriff Karma verwendet wie in der katholischen Kirche die Sünde und die Schuld ...

MICHAEL: Meine geliebten Kinder, achtet auf euer Vertrauen, achtet auf eure Liebe zueinander und auf die Liebe, die in eurem Herzen ist. Achtet darauf, in die eine Wahrheit zu gehen – und die ist Liebe.

In tiefer Liebe

Erzengel Michael

Channeling vom 08.10.2002

MICHAEL: Altes kann gehen, wenn ihr das Neue zu euch einladet. Vergangenheit loszulassen ist das Wichtigste für euch in der kommenden Zeit. Transformation!
Und dazu gehört auch, Karma loszulassen. Ich gebe euch eine Meditation, die euch von der Vorstellung und der Information in euren Zellen befreien wird, Karma sei etwas Negatives, etwas Böses.

Das ist Karma nicht. Karma ist Entwicklung.

FRAGE: *Setzt sich diese Zell-Information, die wir über Karma haben, aus unseren Erlebnissen und Erfahrungen zusammen?*

MICHAEL: ... und aus der Lehre, die ihr daraus gezogen habt.
Weil ihr so viele, viele Jahre geglaubt habt, Karma sei negativ, ist es in euren Zellen auch negativ gespeichert.
Aber es ist wichtig, Veraltetes loszulassen. Und das bedeutet für die kommende Zeit, auch den alten Begriff Karma, die alten Strukturen von Karma loszulassen. Karma ist Entwicklung - das ist wichtig!

FRAGE: *Du hast gesagt, unser Verstand fängt erst ab dem 2. Lebensjahr an zu arbeiten. Das heißt, diese Zell-Information über Karma ist unbewusst. Können wir diese unbewusste Information durch diese Meditation ebenfalls auflösen?*

MICHAEL: Ja, und damit löst ihr auch das negative Bild von Karma auf. Dass die Menschen Krankheiten bekommen, hat nichts mit Karma zu tun. Krankheit ist Entwicklung, eine Chance!

FRAGE: *Kann es denn sein, dass ich aufgrund der negativen Zell-Information von Karma diesen Entwicklungsprozess über die Krankheit brauche - dass also diese Krankheit dann doch Karma ist?*

MICHAEL: Wenn du das, was du eigentlich leben solltest auf der Erde, nicht lebst, wenn du das, was

dich auf die Erde bringt, nicht lebst - die Liebe -,
dann entsteht eine Disbalance. Und diese Disbalance
kann zur Kraftlosigkeit des Körpers führen. Ihr
nennt das Krankheit. Aber eine Krankheit entsteht
nicht aufgrund des negativ besetzten Wortes Karma.

*FRAGE: Dann ist auch der Ausspruch verkehrt: ',... das, was die
Seele krank macht ...', denn die Seele ist ja gesund?*

MICHAEL: Die Seele ist gesund, ja. Der Körper
erkrankt.

*FRAGE: Aber über die Psyche kommen doch auch bestimmte
Probleme und Schwierigkeiten ...?*

MICHAEL: Die Psyche erkrankt durch den Körper.
Wenn der Körper nicht genügend Hormone produ-
ziert, leidet die Psyche.

*FRAGE: Ist denn die Psyche nicht der Vermittler zwischen Körper
und Seele?*

MICHAEL: Die Psyche ist die Verbindung von allen
dreien - von Körper, Geist und Seele.
Aber die Psyche ist auch die Verbindung zu eurem
inneren Kind, zu eurem inneren Mann, zu eurer
inneren Frau. Auch das ist Psyche.

FRAGE: Entsteht die Disbalance dann, wenn wir unser inneres Kind, unseren inneren Mann und unsere innere Frau nicht angenommen haben?

MICHAEL: Ja. Wenn ihr diese drei Komponenten nicht lebt, wenn ihr sie unterdrückt, dann gibt es eine Disbalance.
Diese Disbalance lässt Hormonstörungen entstehen. Durch Hormonstörungen entstehen Depressionen, Psychosen - all das, was ihr auf der Erde psychische Krankheiten nennt.

ANTWORT: Du hast doch aber gesagt, dass das innere Kind in uns eigentlich völlig frei ist ...

MICHAEL: Nur wenn ihr es lebt, ist es auch im Außen frei. Doch bei den meisten Menschen sitzt das innere Kind in einem Gefängnis, in einem dunklen Raum, weil es nicht gelebt wird.

FRAGE: Ist das innere Kind ein Seelen-Anteil? Oder ist es ein Teil der Psyche? Was genau ist das innere Kind? Ist es das, was wir leben sollen - dieses Unschuldigsein, diese Liebe?

MICHAEL: Das innere Kind ist das Bewusstsein, mit dem ihr auf die Erde kommt, um in allem auf der Erde die Schönheit zu erkennen - in totaler Freiheit, ohne Gedanken, in diesem Sein, in dieser Liebe ...

MICHAEL: Die Entstehung von allem ist im zwölften Chakra gespeichert. Dazu gehören auch das innere Kind, der innere Mann, die innere Frau.

Grundsätzlich geht es darum, diese drei Ebenen zu vereinen und zu leben. Das macht die Psyche aus. Störungen in der Kommunikation zwischen diesen drei Ebenen gehen über den Hormonhaushalt in die Körperstruktur. So entsteht das, was ihr psychische Erkrankungen nennt.

FRAGE: Ein Embryo ernährt sich ja über die Mutter, also auch über deren Hormonhaushalt. Wie wirkt sich das aus?

MICHAEL: Alle Informationen über die gesamte Entstehung deiner Familie, über die gesamte Ahnenreihe, sind in deinen Zellen gespeichert. Alle Informationen, negative wie auch positive.
Der Lichtkörper-Prozess löst euch davon. Alle negativen Informationen werden gelöscht. Die positiven Informationen bleiben euch erhalten.

FRAGE: Haben die Menschen, die jetzt den Lichtkörper-Prozess noch nicht machen, ensprechend mehr Inkarnationen vor sich, um zur Wahrheit zu kommen?

MICHAEL: Es wird Tag und Nacht daran gearbeitet, dass so viele Menschen wie möglich den Lichtkörper-Prozess machen. Im Moment sind es 111.000 Menschen auf der Erde, und es werden immer mehr. Habt Vertrauen!

FRAGE: Wie kommen die Menschen an die Information, dass sie den Lichtkörper-Prozess machen sollen?

MICHAEL: Durch Medien. Es ist ja nicht nur Erzengel Michael, der den Lichtkörper-Prozess in Deutschland anbietet. Es gibt noch viele andere Meister und Engel, die ihn auf der ganzen Welt anbieten. Und es bilden sich auch Gruppen, die zusammen den Lichtkörper erhöhen.

FRAGE: Gibt es Unterschiede in der Arbeit?

MICHAEL: Ja, es gibt Unterschiede. Aber das Wichtigste ist, dass die Chakren vertikalisiert werden.

Die Meditation zur Löschung des alten Begriffes Karma:

Ihr setzt euch gerade hin und nehmt neun Atemzüge; atmet durch die Nase ein und durch den Mund aus. Nach diesen neun Atemzügen legt ihr beide Hände auf das Herz-Chakra.

Dann sprecht diese Worte:
Ich bin ein Kind Gottes und ohne Ängste, ohne
Leid, ohne Krankheit auf die Erde gekommen.

Ich bin eingehüllt in das göttliche Licht, ich bin
eingehüllt in die göttliche Liebe.

Ich bin eingehüllt in die göttliche Freiheit.

Karma ist Liebe, Karma ist Entwicklung, ein Zeichen
der Existenz – ein Zeichen von Gott, wie sehr ich
geliebt bin.

Öffnet jetzt die Hände nach vorn, mit den Finger-
spitzen nach vorn.
Dann sprecht diese Worte:
Ich bin göttliches Licht und hülle die ganze Erde,
diesen wundervollen Planeten, in diesem Licht ein.

Ich hülle damit jedes Lebewesen ein.

Ich erkenne jeden Moment, dass die Liebe das
größte Geschenk ist.

Ich danke, dass ich bin, wie ich bin.

Dann führt ihr wieder beide Hände zusammen auf
das Herz-Chakra und macht neun tiefe Atemzüge.

Es ist eine sehr tiefe Meditation. Sie bewirkt, dass eure Angst vor dem Karma genommen wird. Sie bewirkt, dass die negative Besetzung des Wortes aus euren Zellen gelöscht wird.

FRAGE: Warum neun Atemzüge?

MICHAEL: Weil die 9 die Einheit ist. - Habt ihr noch Fragen zum Karma?

FRAGE: Es ist also doch so, dass es Karma zwar gibt, aber es hat nicht diese negative Form, wie uns das bisher vermittelt wurde?

MICHAEL: Karma ist Entwicklung. Nehmt dieses Wort: Entwicklung. Nehmt nicht Karma.
Karma ist nicht das Gesetz von Ursache und Wirkung in dem Sinne, wie euch das gesagt wurde. Es ist nicht so: weil du im letzten Leben das und das getan hast, musst du im nächsten Leben das und das tun. Das ist nicht Karma.

ANTWORT: Es ist also nicht das Gesetz von Ursache und Wirkung im Sinne von Schuld und Sühne, wie uns das gewisse Machthaber vermittelt haben. Sie haben uns durch dieses Schuldbewusstsein in der Freiheit und in der Entwicklung eingeschränkt.

FRAGE: Kann ich dieses Wissen über das Karma schon weitergeben an andere Menschen, bevor das Buch erscheint?

MICHAEL: Ja.
Je höher die Energien steigen auf der Erde, umso wirkungsvoller ist das Resonanzgesetz.
Je stärker ihr an euch glaubt, umso stärker ist die Liebe in euch. Je stärker ihr euch vertraut, umso stärker könnt ihr das Leben in Liebe leben.

Es geht nicht um Vergeltung. Diese Zeiten sind vorbei. Es geht darum, in Liebe zu leben.

Früher sind Menschen noch für das Licht gestorben ... In der jetzigen Zeit, in der die Energie auf der Erde immer höher wird, habt ihr allen Schutz dafür, dass Liebe und Licht nach außen kommen.
Die Macht der anderen, der Kirche, der Politik, der Wirtschaft, ist schon längst nicht mehr so stark.
Ihr seid geschützt!
Deshalb braucht künftig auch niemand, der die Kraft zum Heilen in seinem Herzen verspürt, eine Heilpraktikerprüfung mehr zu machen. Darum geht es nicht mehr in eurer Scheingesellschaft.

FRAGE: Es wird also nicht mehr darum gehen, eine ‚weltliche‘ theoretische Ausbildung zu machen; es wird darum gehen, dass man sein Herz sprechen lässt? Ist es so, dass man dann aus dieser Fülle heraus selbst weiß, was zu tun ist?

MICHAEL: Ja! Wenn jeder die Qualitäten seines Herzens lebt, weiß er, wo er steht und was er leben will.

Wenn du Angst hast - vor Druck, vor Macht -, bist du manipulierbar. Wenn du keine Angst hast, kann dir nichts geschehen.

ANTWORT: *Das heißt, die Öffentlichkeit muss immer mehr informiert werden - und es wird ja zurzeit mehr und immer mehr publiziert - über Machenschaften, über das Ausüben von Macht und über falsche Einstellungen. Diese Dinge machen ja die Menschen krank.*

MICHAEL: Ja. Denn es ist wirklich wichtig, die Ängste aus eurem Herzen zu lösen, sie loszulassen. Es zählt nur noch das Herz. Da geht es hin.

Dafür ist dieses Buch: um die Menschen erkennen zu lassen, was wirklich passiert auf der Erde - und damit sie sich in Liebe selbst erkennen.

FRAGE: *Die Menschen sollen also durch dieses Buch erkennen, wie sehr sie manipuliert werden, und sie bekommen durch dieses Buch die Kraft, dagegen anzugehen und sich zu wehren?*

MICHAEL: Ja! Das Allerwichtigste ist, die Angst loszulassen. Denn das macht euch wirklich frei. Und das ist der Schlüssel für die Zeit, in der ihr jetzt seid: Freiheit.

FRAGE: *Hat Rauchen mit Angst zu tun?*

MICHAEL: Rauchen bedeutet immer, das Herz zu vernebeln. Und das Herz-Chakra sagt immer die Wahrheit. Immer.

FRAGE: Astrologisch gesehen ist das Rauchen dem Fische-Prinzip zugeordnet. Zum Fische-Prinzip gehört zum Beispiel die Sehnsucht nach der unendlichen Liebe, aber auch die Angst. Das Herz nicht zu öffnen, es also durch Rauch zu vernebeln, heißt ja dann auch, innerlich Angst zu haben?

MICHAEL: Es heißt, diese Wahrheit nicht erkennen zu wollen, Angst vor der Wahrheit zu haben.

FRAGE: Ist es auch die Angst davor, Sicherheiten loszulassen wie Partner oder Beruf und so weiter - die ja oft nur Scheinsicherheiten sind?

MICHAEL: Angst ist da, wenn du nicht vertraust. Rauchen - das Herz-Chakra vernebeln - verschlimmert eigentlich noch die Angst.

FRAGE: Warum aber ist uns diese Angst gegeben? Warum müssen wir uns damit herumquälen?

MICHAEL: Euch wird keine Angst gegeben! Gott ist niemals Angst! Gott ist Freiheit, Gott ist Liebe, Gott ist Schönheit! Oh, nein, diese Angst wird euch nicht gegeben von Gott.

FRAGE: *Aber sie ist doch da – woher kommt sie denn dann? Sie ist ja nicht automatisch in uns, wenn wir zur Welt kommen. Wir kommen doch als freie Wesen.*

MICHAEL: Sie ist erschaffen, um euch manipulierbar zu machen.

FRAGE: *Von wem erschaffen?*

MICHAEL: Von Menschen, von Wesenheiten, die es sich zunutze gemacht haben, diese Angst zu schüren, um euch manipulativ zu beeinflussen.
Wenn du stark bist, bist du nicht manipulierbar.

FRAGE: *Hat die Angst auch etwas mit der Polarität auf der Erde zu tun, mit dem Yin-Yang?*

MICHAEL: Angst? Was willst du dagegen setzen? Angst ist dunkel – und was ist Licht?

FRAGE: *Licht ist, keine Angst zu haben ...?*

MICHAEL: Aber du hast keine Angst, wenn du auf die Erde kommst!
Erst durch diese Institutionen wie Kirche oder Gesellschaft kommt die Angst in dich hinein.
Auch die Angst-Energien deiner Blutsverwandten sind ja da, und auch sie beeinflussen dich.

FRAGE: Aber zu Beginn der Menschheit kann doch noch keine Angst da gewesen sein. Die Menschen kamen ja vollkommen frei auf die Erde. Wie konnte diese Angst entstehen, diese Manipulierbarkeit, und diese Besessenheit, auf andere Macht auszuüben? Kamen sie als Prüfungsaufgaben auf die Erde, weil es auf der Erde die Polarität gibt, das Yin-Yang-Prinzip - damit die Menschen daran wachsen können?

MICHAEL: Nein. Es ist der freie Wille, der euch diese Macht verschafft hat. Es sind diese 50 Prozent freier Wille.

FRAGE: Es soll Wesen geben, die sich von Angst ernähren. Stimmt das?

MICHAEL: Ja. Das stimmt so.

FRAGE: Um nochmal auf das Rauchen zu kommen: Wenn jemand aufhört, was passiert dann?

MICHAEL: Du hörst auf, dich zuzumachen. Dann kann die ganze Liebe des Kosmos dich durchdringen.

FRAGE: Dadurch wird das Herz offener - kann es dann aber auch sein, dass man zunächst anfängt, ängstlicher zu sein?

MICHAEL: Es ist die Angst vor sich selbst, ja. Aber es ist gerade in dieser Zeit wichtig, mehr und mehr davon loszulassen. Loszulassen auch von Alkohol. Er macht euch genauso dumpf. All diese Mittel machen euch manipulierbar.

Es geht euch um Genuss. Aber du kannst Gott genießen ohne Alkohol und ohne Zigaretten. Die Erde wäre ein Paradies, wenn ihr alle Gott in euch genießen würdet und könntet!
Und da geht es hin - das zu erkennen. Was meinst du, wie schön das ist, wenn du in jedem Menschen, den du triffst, Gott siehst! Dann hören alle Kriege auf! Alle Autos könnten mit Licht-Energie fahren, alle Häuser könnten mit Licht-Energie gespeist werden. Es gäbe keine Atomkraftwerke mehr und keine atomare Strahlung.

Diese Genussmittel hindern euch daran, die Göttlichkeit zu erkennen. Ich habe euch bewusst die Sai-Baba-Essenz gegeben, damit ihr die Göttlichkeit in euch entdeckt und lernt, in allem Gott zu sehen. In allem.

Natürlich könnt ihr sagen, die Indianer haben auch ihre Friedenspfeife und ihre Tabaksbeutel. Aber ihr vergesst: Sie verwenden sie für Rituale, die sie mit der Mutter Erde machen.

Auch das, was auf der Erde geschieht mit Piercing, mit Tätowieren - alles das sind eigentlich alte Rituale. Weil Piercing und Tätowierung aber nicht rituell benutzt werden, heilen die Körperstellen nicht zu, sie vereitern.

Wenn ihr euch Ringe an den Bauchnabel macht oder an die Augenlider, durch die Zunge, an die Lippen, und es geschieht nicht rituell, dann sind diese Zonen energetisch tot. Bei den Tattoos ist es ähnlich; nur kann dort die Energie nach einer Weile wieder fließen. Aber bei den Piercings - egal wo - kann die Energie nicht mehr fließen.
Deshalb sind so viele Menschen emotionstot oder haben Über-Emotionen: durch diese Piercings.

FRAGE: ... es sei denn, ich würde ein Ritual machen? Ich, zum Beispiel, bekomme jetzt Herz-Ohrringe, die ich auch gerne tragen würde. Muss ich darauf verzichten, oder kann ich sie tragen, wenn ich beim Einstechen ein Herz-Ritual mache? Muss ich darauf achten, wo genau die Löcher eingestochen werden?

MICHAEL: Wenn du ein Ritual machst, kannst du die Ohrringe tragen. Mache das Ritual so, wie du es in dir fühlst. Es ist aber wichtig, dass du eine Stelle aussuchst, an der keine Dauer-Energie- oder Dauer-Spannungs-Punkte verletzt werden.

FRAGE: Also ist es besser, wenn ich die Stelle vom Akupunkteur aussuchen lasse?

MICHAEL: Ja.

FRAGE: *Kann man diese durchstochenen Stellen im Körper nachträglich behandeln, damit die Energie wieder fließen kann? Ist es auch so, dass verhärtete Vernarbungen von Operationen nachträglich wieder in den Energiefluss kommen können?*

MICHAEL: Ja, das ist möglich.

FRAGE: *Würde da die Narben-Essenz helfen? Sie hat mir zum Beispiel bei meinen OP-Narben sehr geholfen, sie hat ungeheuer viel bei mir bewirkt.*

MICHAEL: Ja, die Narben-Essenz ist sehr gut.

FRAGE: *Ist es grundsätzlich schlecht, Ohrringe zu tragen? Die Löcher in meinen Ohrläppchen wurden gestochen, als ich ein Kind war. Es fühlt sich aber für mich sehr gut an.*

MICHAEL: Ohrringe tragen ist schon viele Generationen lang als Tradition im Bewusstsein. Deshalb fühlt es sich für dich gut an. Es geht hier aber um die Art, wie die heutige Gesellschaft mit diesen Dingen umgeht. Das ist nicht gut.

Gibt es noch Fragen dazu?

FRAGE: *Wie kann ich meine ‚Sucht nach Vernebelung', das Rauchen, loswerden?*

MICHAEL: Immer wenn du dir eine Zigarette anzünden willst, zünde eine Kerze für die Erde an!

Fangt an, euch selbst zu lieben. Dann braucht ihr
euch nicht zu vernebeln. Wenn ihr mit euch eins
seid, dann hören alle Süchte auf. Alle. Lasst es
geschehen für euch selbst. Tut es. Nur dadurch kann
Heilung geschehen. Und dadurch geschieht Heilung
auch für die Erde.

Karma ist Entwicklung – und auch das ist Entwicklung: euch selbst zu lieben, euch selbst in der Liebe
zu erfahren. Alle Süchte hindern euch daran, euch
selbst zu lieben.

Ohne Süchte könnt ihr euch viel mehr entdecken.
Viel mehr. Die Sex-Sucht, die Fernseh-Sucht, die
Spiel-Sucht – sie bringen euch von euch weg. Sie ver-
sperren euch den Weg zu euch selbst.
Auf die Suche gehen ist ebenfalls Entwicklung. Eure
Suche wird irgendwann zu Ende sein. Aber ihr selbst
legt das Ende fest – mit eurem freien Willen!

Die Zeiten werden sich ändern, wenn die Menschen
sich erinnern, dass sie einander brauchen – wenn sie
sich erinnern, dass sie alle wichtig sind.
Jeder einzelne Mensch ist wichtig.
Jeder ist verantwortlich, für sich selbst zu handeln.
Aber er hat auch die Verantwortung, für die Erde
und für die Mitmenschen zu handeln. Denn es werden mittlerweile Matrizes ausgelöscht aus der Tier-
welt, aus der Menschenwelt, aus der Mineralienwelt.

FRAGE: Was bedeutet das?

MICHAEL: Es bedeutet, dass Menschengruppen, Tiergruppen, Mineraliengruppen, all diese Spezies, aufhören zu existieren.

FRAGE: Entstehen neue Matrizes?

MICHAEL: Noch nicht. Gegenwärtig werden nur Matrizes genommen. Die Aborigines zum Beispiel werden gehen. Sie sind so eng mit der Natur verbunden, sie spüren so sehr die Qualen der Erde. Darum ist ihr Aufstieg in die andere Dimension ein wichtiger Schritt für die Menschen auf der Erde. Sie setzen damit ein Zeichen, sie rütteln auf.
Aber auch die Matrix der Wale wird mehr und mehr gelöscht.

FRAGE: Hat das Wal-Sterben etwas damit zu tun?
Kommen sie freiwillig an die Strände, um die Menschen aufzurütteln?

MICHAEL: So etwas tun sie nicht freiwillig! Nein - niemals!

Dass diese Wale stranden und sterben, hat mit den Funkstrahlen in den Meeren zu tun. Es hat mit den Handy-Strahlen zu tun. Und es hat mit den Strahlen der Atom-Tests zu tun, die unter Wasser durchgeführt werden. Die Wale verlieren dadurch die Orientierung, sie finden ihren Weg durch die Meere nicht mehr. Es hat nichts damit zu tun, dass sie sich aufopfern.

Wenn ich euch sage, dass die Matrizes gelöscht werden, dann ist das eine Information, die euch aufrütteln soll. Wacht auf, um wirklich die Liebe in euer Herz zu lassen. Um Stopp zu sagen zu dem, was auf der Erde passiert. Um die Katastrophe aufzuhalten, sind diese 12 Zentren so sehr wichtig, die eingerichtet werden auf der Erde.

Doch ich sage euch: Habt keine Angst! Ihr habt die Möglichkeit, der Erde zu helfen! Dieses Buch soll euch Vertrauen vermitteln - Vertrauen in euch selbst und damit in die Erde. Und in Gott.

Es ist sehr wichtig, dass die Kanarischen Inseln wieder in ihrem Glanz erstrahlen. Dort ist das zweite Chakra der Erde. So viele Wale versammeln sich dort, um das zweite Chakra zu erhalten - damit es nicht gesprengt wird von den zerstörerischen Energien.

Und deshalb ist es so sehr wichtig, dass alle 12 Heil-Zentren auf den 12 Chakren der Erde rasch entstehen. Diese Projekte sind gesegnet. Alles ist Liebe.

Lasst euch nicht von den Turbulenzen mitreißen. Seid jeden Moment klar und bei euch. Seid wach in jedem Augenblick. Es werden euch alle Hilfen zur Seite gestellt, damit es leicht wird für euch.

In tiefer Liebe

Erzengel Michael

Das Bewusstsein zur Sexualität ist Liebe

Channeling vom 15.10.2002

MICHAEL: Freiheit des Herzens ist bedingungsloses Vertrauen, ist Liebe, ist Klarheit.

Wenn ihr eure innere Frau und euren inneren Mann in wirklichem Frieden vereinen wollt, dann gebt die Essenzen ,Shiva & Shakti' und ,Die Liebenden' in eure Wohnung. Ihr werdet spüren, dass die Sexualität sich verändert - in euch, zu euch, mit eurem Partner. Diese beiden Essenzen söhnen euch aus mit der Sexualität. Stellt sie auf oder an den Stromkasten. Die wunderbaren Schwingungen verteilen sich in eurer Wohnung.

Die sexuelle Verbindung, die ihr mit einem Menschen eingeht, ist die größte Verbindung, die ihr auf der Erde erleben könnt.

Mit einem anderen Menschen eins sein bedeutet, den inneren Gott und die innere Göttin zu erkennen. Das, was ihr zurzeit auf der Erde erlebt, wie ihr die Sexualität erlebt, das ist nicht Liebe. Die Liebe fließt, wenn sich die Herzen berühren. Sexualität kann euch nach Hause führen, kann euch in den Frieden führen. Und wie leichtfertig lebt ihr eure Sexualität ...

Sexualität hat nichts mit Druck zu tun. Das ist der falsche Weg. Sexualität beginnt immer in der Begegnung von Herz zu Herz - immer. Durch die Sexualität könnt ihr euch selbst näher kommen, könnt ihr euch selbst mehr und mehr erfahren, und Friede kann in euch einkehren.

Eine sexuelle Vereinigung mit einem Menschen bedeutet, dass ihr euch mit der ganzen Blutsfamilie dieses Menschen verbindet. Überlegt euch dieses Ausmaß! Und bedenkt, dass euch diese Energien zwölf Jahre lang begleiten! Wenn ihr Sexualität lebt, sind diese Energie-Bänder zwölf Jahre lang in euch - wenn sie nicht durchtrennt werden.

FRAGE: Warum zwölf Jahre?

MICHAEL: Weil diese Bänder durch die zwölf Chakren gehen und nach oben abfließen - wenn sie nicht gelöscht werden. Beim Lichtkörper-Prozess werden alle Energie-Bänder gelöscht.

FRAGE: Das heißt, wenn wir mit einem Menschen sexuell zusammen sind, dann sind wir es auch mit seiner Blutsfamilie inklusive deren gesamten Zell-Informationen ...

MICHAEL: ... mit seiner gesamten Familie, mit allen.

FRAGE: Und durch die sexuellen Kontakte verbinden sich deren Zell-Informationen mit unseren Energien?

MICHAEL: Ja! Aber ihr müsst unterscheiden: Der Zungenkuss zum Beispiel ist eine energetische Verbindung nur zwischen diesen beiden Menschen. Bei der sexuellen Vereinigung verbindest du dich mit allen Blutsverwandten des Partners.

FRAGE: Warum nicht beim Zungenkuss? Das ist doch auch eine enge Verbindung, bei der die Herzen stark berührt werden?

MICHAEL: Die Informationen über die Mundflüssigkeit, den Speichel, sind nicht dieselben wie über die Körperflüssigkeiten bei der Vereinigung.

FRAGE: Meinst du mit Vereinigung den Samenerguss?

MICHAEL: Nein. Die Vereinigung selbst ist maßgebend, das Ineinandersein. Aber überlegt euch dieses Ausmaß: Selbst wenn in der Familie des Partners einmal jemand verflucht wurde - selbst diese Information wird über die Vereinigung weitergegeben. Alles! Überlegt euch dieses Ausmaß!
Deshalb ist es so wichtig, dass die Menschen begin-

nen, eine andere Sexualität zu leben. Eine klare Sexualität.

FRAGE: Ist Aids eine Antwort auf falsch gelebte Sexualität?

MICHAEL: Aids ist eine ‚gemachte' Antwort. Doch darüber später mehr.

FRAGE: Welche Informationen werden über den Zungenkuss ausgetauscht?

MICHAEL: Energetische Informationen des Körpers – zum Beispiel Impfungen, Narkosen, Operationen und so weiter. Doch Aids wird niemals durch Sexualität übertragen.

FRAGE: Dann schützen Kondome nicht vor Aids? Wie kommt es dann aber, dass durch die Propagierung von geschütztem Geschlechtsverkehr Aids sich in unseren Breiten anscheinend sehr viel langsamer verbreitet hat?

MICHAEL: Weil die Menschen jetzt doch etwas bewusster mit der Sexualität umgehen. Weil sie Angst bekommen haben und deshalb nicht mehr wahllos die Partner wechseln. Eine andere Bewusstseinsenergie ist über Europa und andere Länder gekommen.

Über Sexualität seid ihr nämlich auch am meisten manipulierbar - es ist die stärkste Energie, die ihr habt, die Sexual-Energie!

ANTWORT: Und da sind wir Frauen über Jahrhunderte dazu erzogen worden, dass Sexualität in der Ehe eine gesetzliche Pflichtübung ist ... Es wurde uns anerzogen, den Mann seine Sexualität ausleben zu lassen - auch mit uns, ob wir wollten oder nicht. Hauptsache, er hatte seinen Orgasmus, dann war er nicht mehr so aggressiv ... Das lassen viele Frauen über sich ergehen. Auch heute noch. Was ich aber auch gelernt habe: Frauen haben dadurch sehr viel Macht über die Männer ...

MICHAEL: Und deshalb kommt Jesus auch in einer neuen Inkarnation als Frau auf die Erde: um diese Energie zu heilen, um das Kollektiv-Bewusstsein der Frauen anzuheben. Und um sie zu heilen!

FRAGE: Damit sie auch den Mut haben, endlich zu sich selbst zu stehen?

MICHAEL: Ja. - Es ist wichtig für die Menschen, dies zu erfahren: Wenn sie ihre Sexualität in Liebe und in Freiheit leben, kommen sie immer mehr zu sich selbst. Die sexuelle Vereinigung in Liebe und Freiheit ist die Vereinigung mit dem Göttlichen.

FRAGE: Ist das der Grund, warum die Menschen trotz aller Enttäuschungen und negativen Erfahrungen immer wieder Beziehungen eingehen - weil sie nach dieser göttlichen Vereinigung suchen?

MICHAEL: Ja. Die Menschen suchen Gott. Und gerade deshalb sollt ihr eure Sexualität auch leben auf der Erde!
Es ist so wichtig, dass ihr sie lebt, dass ihr sie erlebt - und dass ihr euch selbst bewusst lebt und euch heilt in der Sexualität.

FRAGE: Frauen, die sexuell missbraucht wurden, sind voller Scham und voller Schuldbewusstsein. Sie können ihre Sexualität meistens nicht mehr ausleben. Was würdest du diesen Frauen empfehlen - was sollen sie tun?

MICHAEL: Auszubrechen aus ihrer Rolle, auszubrechen aus ihrem Muster, um die wirkliche Qualität ihrer inneren Frau zu leben.

FRAGE: Ist die Essenz ‚Innere Frau' gut für missbrauchte Frauen?

MICHAEL: Ja. ‚Innere Frau' - aber auch ‚Komm zu dir', denn das ist eine der wichtigsten Essenzen.

FRAGE: Du sagst, wir gehen innerhalb der Sexualität immer wieder Blutsverbindungen mit der Familie der Partner ein. Wenn ich nun den Lichtkörper-Prozess gemacht habe, dann sind alle Chakren gereinigt und alle Bänder, alle Verbindungen gelöst. Was ist aber, wenn ich dann jemanden kennen und lieben lerne, der keinen Lichtkörper-Prozess gemacht hat, und mich mit ihm sexuell vereinige? Kommen dann diese Informationen wieder neu in meine Chakren?

MICHAEL: Nein! Deine Chakren sind nach dem Lichtkörper-Prozess vertikal. Dadurch sind sie geschützt. Sie werden keine negativen Informationen mehr empfangen. Und auch du gibst keine Informationen von deiner Familie mehr über die Chakren weiter. Das ist alles gelöscht.

FRAGE: Wenn ich eine sexuelle Vereinigung mit einem Menschen eingehe, nachdem ich mir bewusst geworden bin, dass ich ihn liebe und ihm vertraue – kann es dann sein, dass negative Informationen vom Partner und dessen Familie durch meine Liebe und meine Verantwortlichkeit ausbalanciert werden? Kommen die dann nicht mehr so stark zum Tragen?

MICHAEL: Ja, so ist es.

FRAGE: Du sagtest, dass es o.k. ist, wenn man im Leben mehrere Sexualpartner hat. Nimmt man von allen Partnern diese Informationen der Familien auf?

MICHAEL: Ja! Du bist mit all diesen Menschen verbunden. Mit allen.

FRAGE: Aber wie geht das zusammen? Auf der einen Seite sagst du, wir sollen die Sexualität bewusst und verantwortungsvoll leben, und dann sagst du, es geht in Ordnung, wenn wir mehrere Sexualpartner haben?

MICHAEL: Wenn ihr bewusst und authentisch eure Sexualität lebt, wenn ihr sie von Herzen lebt, wenn ihr sie lebt in Verantwortung und in Liebe zu dem Sexualpartner, dann hat das eine andere Qualität. Ihr müsst eure Sexualität von Herzen leben, aus der Liebe heraus. Nicht aus Druck, nicht unter Zwang. So kann es sogar sein, dass ihr mehrere Sexualpartner gleichzeitig habt. Und wenn es in wirklicher Liebe geschieht, speichert ihr sogar weniger negative Informationen in euch.

Wenn ihr jedoch wahllos eure Sexualität lebt, ohne Bewusstsein für die Qualität und die Verantwortung, dann verbindet ihr sogar die Sexualpartner untereinander. Und das ist nicht Liebe.

FRAGE: Heißt das dann auch, dass ich diesen Partnern offen und ehrlich sagen soll, wenn ich noch mit jemand anderem eine Beziehung habe?

MICHAEL: Das ist ganz wichtig, ja. Sagt die Wahrheit.

FRAGE: Gesetzt den Fall, ich liebe außer meinem Partner noch einen anderen Menschen. Ich möchte mit ihm sexuell zusammen sein und sage das meinem Partner. Wenn er eifersüchtig ist, damit nicht einverstanden ist, ist das dann bei ihm mangelnde Liebe? Kann ich dann theoretisch trotzdem mit dem anderen zusammen sein?

MICHAEL: Wenn dein Herz es will und wenn du diesen Menschen wirklich liebst - ja.

FRAGE: Und wenn mein Partner dagegen ist, weil er eifersüchtig ist und das nicht aushalten will - ist das dann bei ihm mangelnde Liebe?

MICHAEL: Es geht um die Ehrlichkeit. Und es geht um das Herz. Seid ehrlich zueinander.

FRAGE: Wie ist das mit diesen Swinger-Clubs, wo sich Menschen wahllos treffen und sexuell begegnen - das ist doch reine Sucht und Macht in der Sexualität. Aber warum expandieren diese Clubs zurzeit so stark?

MICHAEL: Weil die Energie immer höher wird auf der Erde. Die meisten Menschen kommen damit aber nicht klar. Sie öffnen sich anderen Dingen, die sie wieder von sich selbst wegbringen. Es entsteht eine Art Suchtverhalten.

FRAGE: Du sagtest vorhin, wir sollen die Essenzen ,Shiva & Shakti' und ,Die Liebenden' an den Stromkasten der Wohnung stellen. Was ist aber, wenn junge Menschen in der Wohnung sind?

MICHAEL: Es ist o.k.! Die Schwingungen werden die jungen Menschen nur in dem Maße erreichen, wie sie für sie richtig sind.

FRAGE: Haben die Menschen eine Möglichkeit, diese negativen energetischen Bindungen und Informationen aus sexuellen Verbindungen wieder zu lösen? Wenn ja, welche Möglichkeit?

MICHAEL: Ich werde euch eine Meditation geben, wie ihr diese energetischen Verbindungen wieder lösen könnt. Das ist sehr wichtig für die Menschen auf der Erde.

FRAGE: Es gibt doch so genannte Symbol-Kurse, bei denen die energetischen Bänder und Schnüre ebenfalls gelöscht werden. Diese Kurse ersetzen doch aber nicht den Lichtkörper-Prozess?

MICHAEL: Bei den Symbol-Kursen werden die energetischen Schnüre und Bänder gelöst. Beim Lichtkörper-Prozess wird die Zell-Information gelöscht.

Denkt mal darüber nach, wie viele energetische Schnüre eine Prostituierte zu lösen hat ... Mit wie vielen Tausenden von Männern sie verbunden ist ... Und auch diese Männer sind untereinander verbunden!

Und trotzdem haben wir aus der geistigen Welt Hochachtung vor jeder Prostituierten. Wir sind ihnen sehr dankbar. Sie nehmen viele Aggressionen weg von der Erde. Und ohne sie würden noch viel, viel mehr Kinder missbraucht.

FRAGE: Warum ist das so - ich komme damit einfach nicht klar: Warum gibt es so viel Aggressivität gerade über die Sexualität? Ich verstehe das nicht!

MICHAEL: Macht! Es geht um Macht!

FRAGE: Es gab ja Prostituierte schon immer, und es ist ja auch gut, dass es sie gibt. Was können diese Frauen, wenn sie das alles lesen oder erfahren, denn tun, um die energetischen Bänder mit ihren Kunden zu lösen?

MICHAEL: Die Meditation machen! Immer wieder!

FRAGE: ... immer wieder - denn es macht ja nicht Sinn, wenn sie ihren Beruf aufgeben. Das können viele ja gar nicht. Und wie ist es, wenn sie Kondome benutzen?

MICHAEL: Die energetische Verbindung ist immer da, auch wenn ihr Kondome benutzt bei der Ver-einigung.

FRAGE: Schützt das Kondom überhaupt vor Geschlechtskrank-heiten oder vor Pilzen? Aids haben wir ja vorhin schon ausge-schlossen. Haben Kondome überhaupt einen Sinn?

MICHAEL: Auf einer Ebene macht es Sinn. Aber je höher ihr schwingt, um soweniger Sinn macht es.

ANTWORT: Das musst du uns aber näher definieren!

MICHAEL: Je höher das Bewusstsein ist, desto stärker ist eure Sexualkraft. Umso eher kann eine Geschlechtskrankheit diese Materie, dieses Kondom, durchdringen.

FRAGE: Wenn ich die Information dieser Krankheit in mir trage - oder kann ich sie auch vom Sexualpartner empfangen?

MICHAEL: Beides!

FRAGE: Heißt das, je höher mein Bewusstsein ist, umso anfälliger bin ich für diese Krankheiten?

MICHAEL: Je bewusster du bist, desto bewusster gehst du auch mit der Sexualität um. Darum geht es! Je bewusster ihr seid, umso stärker wird eure SexualEnergie.

ANTWORT: Ich habe das aber vorhin so verstanden: Je bewusster wir sind, umso eher kann ich diese Krankheiten bekommen.

MICHAEL: Je höher euer Bewusstsein ist, umso wichtiger ist es, darauf zu achten, mit wem ihr euch sexuell verbindet! Das ist ganz wichtig!

FRAGE: Praktisch heißt das: Die Menschen sollen weiterhin Kondome benutzen, weil es vor vielen Krankheiten schützt?

MICHAEL: Ja. Und es heißt: Je höher ihr schwingt, umso mehr achtet darauf, mit wem ihr euch energetisch verbindet. Denn wenn ihr Partner habt, die energetisch nicht auf der gleichen Ebene sind wie ihr, ziehen sie Energie von euch ab.

ANTWORT: Das spürt man doch aber schon, wenn man mit jemandem in einem Raum ist oder wenn man sich mit jemandem unterhält, ob dieser Mensch einem Energien gibt oder nimmt. Und je höher mein Bewusstsein ist, umso eher kann ich das unterscheiden.

MICHAEL: Ja, so ist es.

FRAGE: Diese energetischen Bänder - bleiben die auch bestehen, wenn einer der Sexualpartner verstorben ist?

MICHAEL: Sie bleiben ebenfalls 12 Jahre bestehen, trotz des Todes.

FRAGE: Welche Informationen kommen denn dann von dieser Seele?

MICHAEL: Es kommt darauf an, wie sie aus ihrem Körper gegangen ist; es kommt darauf an, wie sie die Erde in den drei Tagen nach dem Tod verlassen konnte, und es kommt darauf an, ob diese Seele die Erde überhaupt verlassen konnte - ob sie ihren Tod annehmen kann oder nicht.
So kann es zu den so genannten Besetzungen kommen. Oft sind das Seelen-Anteile, die über diese energetischen Bänder und Schnüre mit euch verbunden bleiben. Auch sie bleiben 12 Jahre.
So ist es auch mit der Nabelschnur: Wenn diese Verbindung zu deiner Mutter nie energetisch getrennt wurde, bleibt sie bis zu deinem Lebensende. Deshalb ist es wichtig, dass alle Nabelschnüre energetisch getrennt werden.

FRAGE: Diese Nabelschnur-Verbindung bleibt immer, wenn sie nicht energetisch gelöst wird?

MICHAEL: Ja, diese Nabelschnur bleibt immer. Die Sexualschnüre bleiben 12 Jahre, aber die Nabelschnur bleibt immer.

FRAGE: Jetzt habe ich mal eine Frage zur Beziehung mit den eigenen Kindern überhaupt. Warum kommt irgendwann einmal das Bewusstsein, dass man das Bedürfnis hat, sich von den Kindern, von den erwachsenen Kindern natürlich, total zu trennen – dass man nicht mehr für sie denken will, sich um sie sorgen will, für sie sorgen will ...

MICHAEL: Weil das wichtig ist! Sie sind allein auf die Erde gekommen, und sie gehen allein. Es ist wichtig, diese Erfahrung zu machen: Sie sind in dir entstanden – aber sie müssen auch loslassen und losgelassen werden.

FRAGE: Das heißt also, ich bin keine schlechte Mutter, wenn ich das Gefühl habe, meine erwachsenen Kinder haben eigentlich mit mir nicht mehr so viel zu tun – es sind Freunde, die ich gerne empfange, aber wenn sie nicht kommen, ist es auch gut?

MICHAEL: Das gehört dazu!

FRAGE: ... und ich hatte schon so ein schlechtes Gewissen ... Ich zeige meinen Kindern also mehr Liebe, wenn ich sie ihre eigenen Wege gehen lasse?

MICHAEL: ... wenn du sie ihr Leben leben lässt. Sie machen ihre eigenen Erfahrungen! Ihr denkt immer, ihr könnt sie vor so vielem bewahren. Aber sie müssen ihre eigenen Erfahrungen machen und ihre Entwicklungen. Das ist wichtig. Wenn du das Gefühl hast, du willst die Kinder loslassen, dann lass es geschehen.

FRAGE: Kannst du uns etwas dazu sagen, wie wir Kindern und Jugendlichen die Sexualität erklären sollen? Mein Sohn wollte schon mit acht, neun Jahren alles Mögliche darüber wissen. Es ist heute so schwierig, bei all den Zeitschriften voller Sex, den Pornofilmen im Fernsehen, den Kindern das richtige Bewusstsein zu geben.
Ich erlebe auch immer wieder, wie schwierig es für Menschen ist, über die Sexualität zu kommunizieren oder sie zu leben. Kannst du den Eltern einen Rat geben, wie sie ihren Kindern den Wert der Sexualität übermitteln können?

MICHAEL: Das Wichtigste ist, offen zu sein, den Kindern zu zeigen, dass Sexualität etwas Gutes ist. Sie sind ja schließlich durch die Sexualität entstanden! Ihr alle seid durch die Sexualität entstanden!

Führt die Kinder offen und frei hin zur Sexualität. Auch das ist wichtig: Die Eltern sollen sich selbst vertrauen. Oft sind die Kinder ‚einfach so' entstanden - ohne dass die Eltern sich bewusst darauf einstellten, ein Kind zu zeugen.

Auch diese Informationen sind in den Eltern gespeichert - dass sie mit der Sexualität nicht frei umgehen können, dass sie sich selbst nicht vertrauen. Sie lehnen sich ab. Und wenn ihr euren Körper ablehnt, lehnt ihr auch eure Sexualität ab.

Das ist die schönste Ebene: wenn Mann und Frau ein Kind wollen, sich sechs Monate lang darauf vorbereiten.

FRAGE: Erklärst du uns das näher?

MICHAEL: Die Partner sollen sich bereit fühlen, eine Seele auf die Erde zu bringen - unabhängig von Materie, von beruflichen, häuslichen oder finanziellen Umständen. Sie sollen bereit sein, ja zu sagen zu diesem wundervollen neuen Wesen.

Durch Praktiken sollen sie ihren Körper reinigen: Durch Yoga, durch Fasten, durch Heilung ihrer sexuellen Wunden sollen sich die Eltern sechs Monate lang vorbereiten.

FRAGE: Du sagst, Heilung ihrer sexuellen Wunden ... Ich habe dich so verstanden, dass eine solche Heilung ja erst durch den Lichtkörper-Prozess geschieht. Wie können die Eltern das machen?

MICHAEL: Sich durch Praktiken wie Yoga oder Tantra-Kurse ganz bewusst mit dem Sexual-Chakra verbinden; durch Fasten und durch Meditation ganz zu sich selbst kommen.

Es ist so sehr wichtig, dass sich die Paare wieder diese sechs Monate Vorbereitungszeit geben.

FRAGE: Du sagst: ‚Es ist wieder wichtig' - gab es das schon einmal mit dieser Vorbereitungszeit?

MICHAEL: Ja, oh, ja! Das tragt ihr noch in euch. Es wurde nur vergessen. Aber es ist gespeichert.

FRAGE: Du sagst immer, wie wichtig die Zahl 9 ist oder die Zahl 12. Warum sind es bei dieser Vorbereitung sechs Monate und nicht neun oder zwölf?

MICHAEL: Es hat etwas mit der Nähe zu tun: Die Seele begleitet dich sechs Monate lang, bevor sie sich inkarniert.

FRAGE: Die Seele begleitet die Eltern sechs Monate lang vor der Zeugung? Es wird doch aber gesagt, dass Seelen sich unterschiedlich in die Körper des Embryos begeben; dass manche das erst während der Schwangerschaft oder kurz vor der Geburt tun. Wie hängt das jetzt alles zusammen?

MICHAEL: Mit der Verschmelzung von Ei und Samen ist die Seele anwesend. Sie ist im neu entstehenden Körper.
Natürlich kann sie sich auch von diesem Körper entfernen; sie kann reisen. Aber sie ist mit diesem Körper verankert, sie kann nicht mehr tauschen. Doch sie kann reisen - in ihr Heimatland, in das Seelenland, aus dem sie kommt.

FRAGE: Begleitet die Seele den Mann oder die Frau?

MICHAEL: Sie begleitet die Frau; das neue Wesen entsteht ja im weiblichen Körper. Deshalb begleitet die Seele, die sich neu inkarnieren will, die zukünftige Mutter sechs Monate lang.

FRAGE: Dann ist der Vater des Kindes ja eigentlich gar nicht so wichtig ...?

MICHAEL: Nein ... eigentlich nicht ...!
Doch ich möchte euch sagen: Alles, alles ist möglich, wenn es um die Empfängnis von neuem Leben geht. Alles ist möglich mit Liebe.
Je bewusster ihr seid, je bewusster ihr lebt, je bewusster ihr mit eurem Körper umgeht - dann kann durch Liebe in euch eine Seele entstehen ...

FRAGE: Heißt das konkret, dass Maria ihren Sohn Jesus wirklich jungfräulich empfangen hat - also ohne sexuelle Vereinigung? Oder ist mit der Reinheit Marias die Reinheit ihres Herzens gemeint?

MICHAEL: Ja, Maria war in ihrem Herzen rein. Doch nehmt dieses Wort ‚jungfräulich' weg. Es ist immer etwas Schmutziges. Sexualität ist niemals etwas Schmutziges. Es geht nur darum, dass mit Liebe alles möglich ist: Eine Seele kann durch Liebe inkarnieren.

FRAGE: Also ohne Körperkontakt zwischen Mann und Frau?

MICHAEL: Ja! – Oft habt ihr Situationen, wo Kinder sich während der Periode der Frau inkarnieren – dann, wenn ihr sagt, da ist kein Eisprung. Oder die neuen Wesen entstehen trotz Verhütungsmittel. Daran seht ihr – alles ist möglich!

FRAGE: Kondome schützen also nicht vor Schwangerschaft, die Pille und andere Verhütungsmittel können auch versagen ...

MICHAEL: Je höher ihr schwingt, umso weniger wirken diese Mittel.

FRAGE: Wenn einer der Eltern sexuell missbraucht wurde, bekommt ja das Kind auch diese Information in seine Zellen. Was können sie tun, damit das gelöscht wird?

MICHAEL: Auch den Kindern die Missbrauchs-Essenz geben. Ihnen zeigen, dass sie geliebt werden. Ihnen zeigen, dass sie ihren Körper annehmen können.

FRAGE: Reicht die Missbrauchs-Essenz?

MICHAEL: Auch die ‚Komm-zu-dir'-Essenz ist wichtig.

FRAGE: Lehrer, Erzieher oder Sozialpädagogen kommen mit vielen Kindern zusammen, die sexuell missbraucht wurden. Kannst

du uns eine Meditation oder Ähnliches geben für diese miss-
brauchten Kinder, ein Ritual, das in Kindergärten, Schulen oder
Jugendeinrichtungen gemacht werden kann?

MICHAEL: Ja, das werde ich euch geben.

FRAGE: Kannst du uns etwas zur Homosexualität bei Männern
und Frauen und zur Bi-Beziehung sagen?

MICHAEL: Die göttliche Information ist in jedem
Mann und in jeder Frau. Wir aus der geistigen Welt
verurteilen dieses niemals.
Das Einzige, was die geistige Welt nicht gutheißt,
sind Sado-Maso-Praktiken. Denn das ist nicht Liebe
des Herzens - überhaupt nicht. Aber jegliche Form
des Herzens zu lieben, sich in eine Beziehung zu
einem Menschen einzulassen, ob gleichgeschlechtlich
oder zwischen Mann und Frau, ist in Ordnung.

FRAGE: Das kann sich aber doch im Laufe eines Lebens verän-
dern, ob man gleichgeschlechtliche oder gegengeschlechtliche
Partner wählt?

MICHAEL: Das kann sich ändern. Und auch das
ist in Ordnung. Aber auch diese Menschen sind
12 Jahre lang mit ihren Sexualpartnern energetisch
verbunden.

FRAGE: Ist es so, dass Menschen mit dieser homosexuellen Nei-
gung geboren werden? Manchmal leben sie sie ja erst später in
ihrem Leben aus. Aber ist diese Prägung angeboren?

MICHAEL: Ihr kommt auf die Erde, und ihr wisst nicht, dass es zwei Körper gibt. Deshalb spielt es keine Rolle, ob die Menschen dies von Geburt an wissen oder nicht. Darum geht es nicht.
Erst mit dem Einsetzen des Verstandes kommt die Wahrnehmung von hell - dunkel, Tag - Nacht, Mann - Frau. Bis zu seinem zweiten, dritten Lebensjahr hat ein Kind diese Wahrnehmungen nicht. Ihr auch nicht! Ihr hattet es alle nicht! Erst als euer Verstand eingesetzt hat.

ANTWORT: Es gibt doch aber Menschen, die sich nach Einsetzen der Pubertät ganz klar für ein bestimmtes Geschlecht entscheiden. Mein Bruder zum Beispiel, der an Aids starb, war homosexuell. Wir haben viele Theorien besprochen, woran das gelegen haben könnte. Eine Theorie war, dass meine Mutter eigentlich ein Mädchen haben wollte, eine andere, dass es in den Genen liegt. Es wurde auch gesagt, das sei eine ,geistige Verwirrung'. Und das ist ja das Schlimmste für diese homosexuellen Menschen, dass ihre Gefühle als Verwirrung angesehen werden; daher kommen ja auch ihre schlimmen Schuldgefühle. Deshalb ist es so schön, dass du sagst, die geistige Welt verurteilt so etwas niemals. Das wird viele erleichtern.

FRAGE: Woher kommt es aber, dass man sich in der Pubertät für dieses oder jenes Geschlecht entscheidet - oder für beide? Gerade die Bi-Sexualität - eigentlich habe ich doch, wenn ich die Bi-Sexualität lebe, viel größere Entscheidungsfreiheiten ...?

MICHAEL: Dann tu's!

FRAGE: Ich denke aber, da ist etwas in meiner Erziehung, das mich daran hindert - obwohl ja behauptet wird, wir sind im Grunde alle bisexuell. Dann kommt aber die Gesellschaft und bestimmt, wer wen zu lieben hat. Und schon bekommt man eine Abneigung gegen das eigene Geschlecht bis hin zum Ekel. Ist sie trotzdem in jedem Menschen drin, diese Bi-Sexualität?

MICHAEL: Ja!

FRAGE: Dann gibt es so etwas nicht wie den ‚rein homosexuellen Menschen' - ist es eine Art Prägung?

MICHAEL: Ja. Es ist so. Die Seele weiß nicht, dass es noch ein anderes Geschlecht gibt. Es ist keine Entscheidung vor der Geburt, ob homosexuell oder bisexuell oder heterosexuell. Ihr habt alles in euch. Alles.

FRAGE: Ich habe es bisher so begriffen, dass ich als Seele entscheide, ob ich in der nächsten Inkarnation ein Mann oder eine Frau sein will. Wenn ich doch aber den Unterschied gar nicht weiß ...?!

MICHAEL: In dem Bewusstsein, in dem du auf die Erde kommst, weißt du es. Aber dann gehst du durch das ‚Tor des Vergessens' ... Deshalb weißt du es nicht mehr.

FRAGE: Wie ist das mit den Menschen, die zum Beispiel als Mann zur Welt kommen und irgendwann feststellen, sie tragen eigentlich die Psyche einer Frau in sich; die alles daransetzen, ihren Körper operativ und mit Hormonbehandlung zu verändern, weil sie sich als anderes Geschlecht fühlen? Wie entsteht so etwas?

MICHAEL: Das ist die Ablehnung ihres Körpers. Sie wollen etwas anderes leben und sein als das, was sie sind. Diese Ablehnung wird immer stärker, und sie werden dabei immer unglücklicher.

FRAGE: Bringen sie da Erfahrungen mit aus dem vorherigen Leben - waren sie zum Beispiel im letzten Leben ein Mann, wollen das jetzige Leben aber als Frau verbringen - und stellen dann irgendwann fest, dass sie sich irrtümlich in den falschen Körper inkarnierten?

MICHAEL: Sie verschließen sich immer mehr ihrem männlichen Potenzial. Sie haben Angst vor der Kraft des Mannes.

FRAGE: Die Menschen, die aus dem männlichen Körper herauswollen, haben Angst vor der männlichen Kraft. Und was bewegt Frauen dazu, ihren weiblichen Körper in einen männlichen verwandeln zu wollen?

MICHAEL: Auch ihre Angst - ihre Angst vor der weiblichen Kraft!

Noch einmal: Die sexuelle Energie ist die stärkste Energie, die ihr habt und die ihr mit einem anderen Menschen teilen könnt. Deshalb ist es so wichtig, damit ehrlich und achtsam umzugehen.

Und was noch sehr wichtig ist: Der Sexualsaft hat die stärkste Information, die ihr mit einem anderen Menschen austauschen könnt.

Lasst diese Information nicht irgendwo verschwinden. Lasst diese Information in euren Zellen.

FRAGE: Wie soll das geschehen, was soll ich da machen?

MICHAEL: Gebt diesen Saft euren Zellen wieder zurück. Reibt ihn ein in eure Haut. Das ist sehr wichtig! Auch wenn Männer sich selbst befriedigen, ist es wichtig, dieses Ejakulat ihrem Körper zurückzugeben und nicht irgendwo verschwinden zu lassen.

FRAGE: Dann haben die Frauen ja mehr und längere Verbindung zu den Männern, weil die Vermischung des Samens und der eigenen Körperflüssigkeit noch einige Zeit in ihrem Körper bestehen bleibt. Das lässt viele Frauen auch den Partner noch viel stärker spüren. Und bei den Männern - die waschen sich und dann ist alles weg?

MICHAEL: Nein! Auch sie haben die Energie zwölf Jahre, auch wenn sie nichts in sich aufnehmen!

FRAGE: Um es zu konkretisieren: Geht es darum, dass ich durch dieses Einreiben mit der Körperflüssigkeit meine eigene Zell-Information für mich behalte?

MICHAEL: Nein. Es geht darum: Dieser Saft ist der stärkste, den ihr austauschen könnt, und es ist der stärkste, den ihr in euch tragt. Deshalb ist es nicht gut, ihn verschwinden zu lassen.

FRAGE: *Du sagst, der Mann soll sich nach der Selbstbefriedigung mit diesem Saft einreiben. Das Gleiche gilt ja dann auch für die Frau?*

MICHAEL: Ja. Es ist die kraftvollste Körperflüssigkeit, die ihr habt. Und viele Menschen haben einen Ekel davor ...

FRAGE: *Was bewirkt dieser Saft organisch, wenn man sich einreibt?*

MICHAEL: In diesem Saft ist die kosmische Energie enthalten. Er ist sehr gut für deine Hautzellen.

FRAGE: *Was ist mit dem Menstruationsblut? Ich habe gelesen, in diesem Blut sei alle Weisheit der Frauen enthalten.*

MICHAEL: Ja! Je höher ihr schwingt, desto mehr werdet ihr spüren, dass diese Tage der Menstruation die Tage der Frauen sind. An diesen Tagen seid ihr am offensten. Es geht nicht darum, an diesen Tagen mit Männern sexuelle Kontakte zu haben.

Es ist wichtig, dieses Blut nicht verschwinden zu lassen. Gebt es der Erde zurück.

FRAGE: Wie kann man das machen mit diesen Tampons und Zellstoffbinden? Sie in der Erde vergraben oder in Wasser einweichen und dann mit dem Wasser die Pflanzen gießen?

MICHAEL: Ja, das solltet ihr tun!
Deshalb haben die Frauen Schmerzen an den Tagen der Menstruation: wegen der energetischen Informationen der Kläranlagen, der Müllhalden ... All diese Stellen, an denen die Tampons oder Binden der Frauen landen, senden über das Blut daran ihre energetischen Informationen an die Frauen zurück.

Deshalb gebt dieses Blut an die Erde zurück.

ANTWORT: Da wäre es doch gut, Naturbinden zu nehmen statt Zellstoffbinden. Man kann sie auswaschen, sie halten jahrelang. Und so kann man das Blut an die Erde zurückgeben.

FRAGE: Wie ist es mit Frauen, die operiert sind und keine Gebärmutter mehr haben, diesen Menstruationsrhythmus aber immer noch in sich tragen - dass sie den spüren, ist doch auch eine Information, sie leben ja dann ebenfalls die Menstruation, wenn auch ohne Blut. Wie sollen sie sich an diesen Tagen verhalten?

MICHAEL: Auch sie sollen an diesen Tagen nicht sexuell mit einem Mann verkehren.

FRAGE: Sie sollen sich also genauso verhalten, als wenn die Blutung stattfinden würde? Das heißt ja dann auch, diese Empfin-

dungen sind keine Phantom-Empfindungen, sondern im Körper tut sich wirklich etwas?

MICHAEL: Ja!

FRAGE: Du sagtest, es wäre gut, an den Menstruationstagen keine sexuelle Vereinigung zu haben. Wenn sich aber zwei Menschen sehr lieben – und wenn sie das beide wollen?

MICHAEL: Du kannst es entscheiden als Frau! Aber es ist wichtig, an diesen Tagen mit dir zu sein, bei dir zu sein, in deine Kraft zu kommen. An diesen Tagen bist du am meisten geöffnet.

FRAGE: Das steht noch über der Liebe, der Herzensbegegnung zwischen Mann und Frau?

MICHAEL: Ja. Es ist die größte Liebe zu dir selbst, wenn du an diesen Tagen mit dir bist. Wenn dein Partner dich wirklich liebt, wird er das akzeptieren. Geht bewusst und achtungsvoll um mit eurem Körper, mit der Sexualität und damit mit euch selbst. Diese Kraft wurde euch sehr bewusst gegeben. Nutzt sie.

In tiefer Liebe

Erzengel Michael

Alles ist gesegnet – alles.

Channeling vom 29.10.2002

MICHAEL: In dem Maße, wie ihr euch selbst liebt,
könnt ihr andere lieben.
In dem Maße, in dem du dich selbst akzeptierst,
kannst du andere akzeptieren und lieben.

Je mehr ihr im Herzen seid, umso freier seid ihr –
umso weniger Kraft hat der Verstand, über Werte
und Vorurteile nachzudenken.

Das Herz verurteilt niemals, nur der Verstand. Der
Verstand erinnert sich an Verletzungen; das Herz
niemals. Das Herz ist jeden Moment offen – jeden
Moment offen für das Neue. Das Herz ist immer im
Sein. Und nur das Herz bringt euch zu der Freiheit in
euch, nicht der Verstand.

Und das ist der Weg bis 2012: Transformation.

Ich möchte euch jetzt diese wundervolle Meditation
geben, mit der ihr euch aus den Chakren aller Sexualpartner lösen könnt. Denn dies ist sehr wichtig in
der kommenden Zeit, und es ist sehr wichtig für
jeden Menschen.

*FRAGE: Diese Meditation löst die Verbindungen zu all unseren
früheren Sexualpartnern?*

MICHAEL: Das kannst du definieren; du kannst dich auch von deinem jetzigen Sexualpartner lösen - du kannst dich von ihm lösen, um dann anschließend jederzeit wieder völlig frei in diese Beziehung zu gehen.

Ihr könnt euch auch nach jeder sexuellen Vereinigung wieder voneinander lösen. Macht diese Meditation nach jeder Vereinigung mit eurem Partner zusammen! Das ist sehr wichtig.

FRAGE: Warum ist das so wichtig?

MICHAEL: Damit ihr frei seid. Damit ihr euer eigenes Leben leben könnt, ohne von dem anderen abhängig zu sein.

FRAGE: Um keine gegenseitige Abhängigkeit zu schaffen über die Sexualität - damit keine Macht gegenseitig ausgeübt wird?

MICHAEL: Ja, das ist der Grund.

FRAGE: Du hast gesagt, man verbindet sich auch dann mit einem bestimmten Menschen, wenn man sich selbst befriedigt und dabei an diesen Menschen denkt. Ist es gut, auch in diesem Fall diese Meditation auszuüben?

MICHAEL: Ja, tut das. Und übt sie genau so aus, wie ich sie euch jetzt geben werde.

Die Meditation:

Setzt euch bequem hin und hüllt euch mit hellblauem Licht ein.

Atmet neun Mal in jedes Chakra von eins bis zwölf ganz tief dieses hellblaue Licht ein und aus.

Visualisiert das hellblaue Licht nacheinander in jedes Chakra von eins bis zwölf.

Nachdem ihr beim 12. Chakra angekommen seid, bittet ihr um die Durchtrennung aller Bänder all eurer Sexualpartner.

Alle Bänder werden automatisch gelöscht.

Und dann seid ihr frei - und so leicht wie eine Feder.

Es ist ein wundervoller Prozess, das Alte loszulassen, hinter sich zu lassen.

MICHAEL: Wie fühlt ihr euch jetzt?

ANTWORT DER GRUPPE: Sehr leicht, sehr frei - aber auch müde. Woher kommt diese Müdigkeit?

MICHAEL: Die Farbe Blau reinigt alles. Und Reinigung kann sehr müde machen. Durch das neunmalige Atmen in jedes Chakra werden alle zwölf Energiezentren sehr stark gereinigt.
Es ist eine sehr große Bewusstseinsveränderung, die mit dieser Meditation in euch geschieht.

FRAGE: Du sagst, mit dieser Meditation trenne ich automatisch die Bänder zwischen meinem Partner und mir, damit wir neu in Liebe aufeinander zugehen können. Wenn mein Partner diese Meditation jedoch nicht mitmacht, sind dann diese Bänder trotzdem getrennt?

MICHAEL: Ja, selbstverständlich!

FRAGE: Wenn wir diese Meditation machen, sollen wir dann genau an diese bestimmten Menschen denken, von denen wir uns lösen wollen?

MICHAEL: Du brauchst nicht an jemand Bestimmten zu denken! Wenn du darum bittest, alle energetischen Bänder und Schnüre zu allen Sexualpartnern zu lösen, dann wird das automatisch geschehen.

Es werden alle Bänder gelöscht - auch die von sämtlichen Blutsverwandten der Sexualpartner.

Das ist ein wundervolles Geschenk! Deshalb sagte ich, ihr seid leicht wie eine Feder, wenn aller Ballast weggenommen ist.

FRAGE: *Können sexuell missbrauchte Kinder oder Erwachsene diese Meditation ebenfalls machen, um frei zu werden?*

MICHAEL: Ja! Das solltet ihr tun. Bei einem sexuellen Missbrauch soll diese Meditation neun Mal gemacht werden, an neun aufeinander folgenden Tagen jeweils ein Mal.

Ihr könnt natürlich auch sonst jederzeit in diese neuntägige Meditation gehen. Doch es genügt eine Meditation nach jeder Liebesvereinigung. Es ist wunderschön, wenn ihr sie zusammen mit euren Partnern macht - immer wieder aufs Neue!

ANTWORT: *Ich gebe damit meinem Partner die Chance, sich immer wieder neu für mich zu entscheiden - und ich gebe mir die Freiheit, mich immer wieder neu für meinen Partner zu entscheiden ...*

MICHAEL: Es ist eine sehr große Herausforderung, den Menschen, den man liebt, immer wieder loszulassen! Aber dadurch fördert ihr die Kommunikation des Herz-Chakras.

ANTWORT: *Und das Vertrauen wird gefördert - und die Vertrautheit und das Bewusstsein für die gegenseitige Verantwortung ...*

MICHAEL: Vor allem aber die Liebe.

MICHAEL: Nein, nicht mehr, denn nach dem Licht-körper-Prozess sind alle Chakren vertikal. Du kannst die Meditation trotzdem machen, aber durch den Lichtkörper-Prozess und die Vertikalisierung aller Chakren geht die Energie in den Kosmos. Sie bleibt nicht hängen. Doch nur diese Menschen sind ge-schützt, die den Lichtkörper-Prozess gemacht haben. Ich gebe euch hier einen Gebets-Text für alle miss-brauchten und misshandelten Kinder:

An das göttliche Kind in dir:

Gott ist Liebe, und Gott ist Vertrauen.

Durch Macht und Gewalt hat dein göttliches Kind das Vertrauen in sich selbst verloren.
Gewalt jeglicher Art ist niemals in dem göttlichen Plan verankert.

Es ist die Macht der Großen, die ihr Herz verloren haben und dadurch ihre Göttlichkeit.
Wir aus der geistigen Welt wollen dich ermutigen, dein Leben wieder mit deinem göttlichen Kind zu leben.

Lasse das Alte los, lass deine Ängste und Zweifel, die du aufgebaut hast zu dir selbst, in Liebe gehen. Erkenne dich wieder als ein göttliches Wesen.

Wir sind mit dir, alle Zeit.

In Liebe

Erzengel Michael

FRAGE: Es gibt mediale Aussagen, dass Seelen vor der Inkarnation miteinander verabreden, bestimmte Dinge miteinander zu erleben - auch sexuellen Missbrauch. Wie ist das zu verstehen?

MICHAEL: So etwas machen Seelen niemals miteinander aus. Niemals!

FRAGE: Dann war diese mediale Aussage falsch?

MICHAEL: Ja!

FRAGE: Und was ist mit den Seelen-Anteilen? Der zwölfte ist ja rein und kommt in vollkommener Liebe, die anderen elf schließen sich ihm an, weil sie noch bestimmte Erfahrungen machen wollen. Ist es möglich, dass einer dieser elf Anteile mit einem Anteil einer anderen Gesamtseele bestimmte Erfahrungen durchleben will?

MICHAEL: Keine Erfahrungen durch Gewalt - weder durch physische noch durch psychische.
Nein, das ist nicht im göttlichen Plan!
Sich Schmerzen und Gewalt zuzufügen wird niemals miteinander vereinbart. Niemals.
Der Text dieses Gebetes, das ich euch gegeben habe, ist für alle, die direkt oder indirekt mit Gewalt aller Art konfrontiert werden.

Auch Liebesentzug ist eine Form von Gewalt. Und alle Gewalt ist nur verankert in den Köpfen der Machtbesessenen.
Diese Worte werden zur Bewusstseinsveränderung beitragen.

FRAGE: Liebesentzug - ist das nur etwas, was ich vorsätzlich und bewusst jemandem antue? Wenn ich mich eine Zeit lang von Bekannten, Freunden oder Familienmitgliedern distanziere, weil ich für mich persönlich das Gefühl habe, ich möchte momentan keinen Kontakt - ist das ebenfalls Liebesentzug?

MICHAEL: Nein! Das ist kein Liebesentzug. Es ist deine freie Entscheidung!

FRAGE: Ich will diese Menschen ja nicht bestrafen, ich brauche nur eine bestimmte ,Sendepause' mit ihnen ...

MICHAEL: Und deshalb ist das auch kein Liebesentzug.

Gibt es noch Fragen zu dem Thema Sexualität?

FRAGE: Ab welchem Alter sind Menschen reif für diese große Verantwortung, mit der Sexualität umzugehen und Geschlechtsverkehr zu haben?

MICHAEL: Aus der geistigen Welt ist es das Alter zwischen 14 und 16, in dem der Mensch frei beginnen kann, die Sexualität zu erfahren.

FRAGE: Es gibt Kulturen, in denen Mädchen mit neun oder zehn Jahren traditionell vom eigenen Vater in die Sexualität eingeführt werden. Bei diesen Völkern wird gesagt, das würde im Namen der Liebe geschehen. Ist das o.k., weil es Tradition ist?

Und es gibt ja auch Kulturen, in denen die Menschen nicht älter als 30 oder 40 werden; die Entwicklung verläuft anders, schneller. Können diese Menschen früher anfangen, ihre Sexualität zu leben?

Es gibt auch in unserer heutigen Gesellschaft sehr junge Menschen, die sich lieben, sich verantwortlich füreinander fühlen und sich auch sehr bewusst sind, was die sexuelle Vereinigung bedeutet. Ist es o.k., wenn sie ihre Sexualität leben?

MICHAEL: Nein. Das Alter 14 bis 16 gilt generell für alle.

In diesem Alter werden die Themen des zweiten Chakras erlebt und erfahren. Vorher kann der jugendliche Körper diesen Orgasmus, der durch kör-

perliches Ineinandersein ausgelöst wird, noch nicht
ertragen; er ist energetisch nicht darauf eingestellt.
Es treten Verletzungen auf. Sie treten automatisch
auf, weil der Körper nicht reif genug ist.
Es können auch psychische Verletzungen geschehen
oder Chakra-Verbrennungen.

Du kannst es auch so sehen: Jeder Mensch kommt
mit einem Schutzschild auf die Welt. Durch den zu
frühen Orgasmus bei einer sexuellen Vereinigung
vor dem 14. Lebensjahr wird dieses Schutzschild
geschädigt oder zerstört.
So kann es geschehen, dass diese Kinder sich selbst
nicht mehr fühlen können: Sie können ihren Wert
nicht mehr fühlen, und sie können ihre Grenzen
nicht mehr fühlen. Sie lassen wahllos alles mit sich
geschehen.

Es hängt tatsächlich ab von den Zyklen des Chakras.
Die Lemurianer zum Beispiel begegnen sich sexuell
erst mit 21; dann sind sie im Herz-Chakra. Das ist die
Form, die der Körper braucht, um sich sexuell zu
vereinigen, um die sexuelle Liebe zu erfahren.

Doch es gibt große Unterschiede zwischen euren
Körpern und den Körpern der Lemurianer. Deshalb
können die Menschen auf der Erde die Sexualität
früher erleben.
Es ist wunderschön, dass dieses Buch durch euch lebt.

Ich bin sehr glücklich, dass ihr hier seid, zu helfen, damit dieses Wissen in die Welt geht. Es werden insgesamt neun Bände kommen - neun Bände ‚Gespräche mit Erzengel Michael'. Die Channelings gehen bis zum Jahre 2009.

Auch diese Bücher werden um die Welt gehen. Es ist das Wissen der Zeit, das jetzt in die Herzen der Menschen kommen wird. Die Bewusstseins-Transformation wird sich überall auf der Erde ereignen.

Ihr werdet unermesslich geliebt. Tragt diese Liebe immer in eurem Herzen und von dort in die Welt. Ich bin euch sehr dankbar für euren Mut und für euer Vertrauen, ein Zeichen zu setzen in dieser Welt. Denn durch euch kann ein Paradies entstehen. Nehmt die Zeichen ernst, die euch die Erde zurzeit schickt, die wir euch immer wieder senden.

Uns ist es ernst, sehr ernst. Die Erde und alle Lebewesen darauf sind in Gefahr. Es geht uns darum, alle Lebewesen auf der Erde und den Planeten Erde zu retten.

Wenn die Matrix der Delphine und Wale ausgelöscht wird, wenn sie selbst wählen, den Auftrag woanders zu erfüllen, kann die Erde nicht mehr weiterexistieren.

Ihr seid unsere Hoffnung. Geht hinaus in die Welt, geht für die eine große Wahrheit – und das ist die Liebe.

Ihr werdet unermesslich geliebt!

In tiefem Frieden und in dem Vertrauen eures Herzens

Erzengel Michael

Die kosmischen Gesetzmäßigkeiten und Entwicklungen auf der Erde

Channeling vom 12.11.2002

MICHAEL: Dieses Buch soll Klarheit bringen in die Herzen der Menschen auf der Erde. Es ist sehr wichtig, dass eure Herzen berührt werden. Dieses Treffen mit Erzengel Michael ist ein Treffen von Herz zu Herz.

Lasst nicht zu, dass der Geist und die Gedanken stärker sind als das Herz. Die kosmische Gesetzmäßigkeit und die kosmische Entwicklung gehen nur in Liebe zusammen - nur in Liebe zusammen! - auf der Erde. Allein zu gehen kostet viel mehr Kraft, als in Liebe zusammen zu gehen. Lasst alles geschehen. Nehmt die großen Geschenke an, die ihr bekommt vom Kosmos. Auch das ist Entwicklung.

Liebe - bedingungslose Liebe - ist Entwicklung.

Wenn ihr auf die Erde kommt als wundervolles neues Wesen, ist diese pure Liebe da: völliges Vertrauen, einfach hingeben, nichts denken, nur fühlen, wahrnehmen und schauen.
Entwicklung heißt, dort wieder hinzukommen: dass ihr euch wieder begegnet mit diesem kindlichen Herzen und dadurch mit euch selbst. Denn wenn ihr euch mit dem Herzen verbindet, heilt ihr die Erde. Und damit entwickelt ihr auch die Erde.

Jedes Lebewesen kann ein Zeichen setzen für die Erde, indem es sich wieder mit seinem kindlichen Herzen verbindet. Lasst es sich entwickeln, das Annehmen und das Loslassen. Das Leben ist ein ständiges Loslassen. Bereits mit dem ersten Atemzug seid ihr frei. Ihr lasst los.

Verbindet euch jeden Moment mit der Schönheit eures Herzens. Dann kann die Liebe immer fließen - fließen von Herz zu Herz. Je mehr du dein Herz für dich selbst öffnest, umso klarer wirst du, und umso mehr Menschen ziehst du an, die ebenfalls ihr Herz geöffnet haben für sich selbst.

Es ist so wichtig für die Erhöhung der Schwingung auf der Erde, dass sich immer mehr Menschen zusammentun, um diese Herzens-Energie in die Welt zu bringen. Das sind die kosmischen Gesetzmäßigkeiten!

Wenn ein Herz sich öffnet für die Liebe, ist es ein wunderbar großes Zeichen für das Kollektiv-Bewusstsein der ganzen Menschheit - und somit auch für das Kollektiv-Bewusstsein der Erde.

Es gibt immer mehr Menschen, die bereit sind, in die Liebe zu gehen, die bereit sind, die Liebe auszuteilen und sie zu verbreiten. Denn nur die Liebe kann der Erde Heilung bringen.

Die höchste kosmische Gesetzmäßigkeit ist Liebe! Gott ist reine Liebe! Und ihr alle seid ebenfalls reine Liebe! In diesem Bewusstsein der reinsten Liebe seid ihr eins. Es gibt keine Trennung mehr.

In diesem Bewusstsein der reinsten Liebe wart ihr alle, als ihr auf die Erde gekommen seid. Weil aber so viele Menschen diese kosmischen Gesetze der Liebe nicht erfahren wollen, verschließen sie ihr Herz. Und dann kommen die Süchte und die Macht. Doch das sind eigentlich Hilfeschreie: ‚Bringt mich zurück in die Einheit!' Wir möchten jeden Menschen in die Einheit führen. Das ist der Weg. Ihr könnt die Liebe, die göttliche Liebe und die kosmische Liebe, erfahren, indem ihr ja sagt zu euch selbst, indem ihr die Freude und die Schönheit in euch annehmt.

Das bedeutet es wahrhaftig, ein Zeichen zu setzen - ein Zeichen zu setzen für euch selbst und für jeden Einzelnen auf der Erde, um so viele Menschen wie möglich wieder zurück zu ihrem Herzen zu bringen.

Ein Zeichen zu setzen bedeutet niemals, irgendjemanden für irgendetwas zu verurteilen. Das ist kein Zeichen! Ein Zeichen zu setzen ist, die Liebe zu spüren und jeden Moment zu erkennen. Je mehr ihr euch eurem Herzen nähert, desto freier werdet ihr.

Die Gesetze des Herzens sind, Zeichen zu setzen - zu leuchten für euch selbst und für die Erde. Das ist der Weg. Das Wort ‚Gesetz' wurde in eurem Sprachgebrauch missbraucht von Macht. Der Begriff Gesetz ist in eurem Herzen nicht mit Liebe verbunden. Aber mit Gesetz ist gemeint: ein Zeichen setzen für die Liebe!

Gott und der Kosmos bestrafen niemanden auf der Erde. Eine Katastrophe entsteht nicht, weil Gott die Erde vernichten will. Aids ist nicht ausgebrochen, weil Gott die Erde vernichten will. Es ist euer Verstand, der die Macht haben will.
Ihr habt die Wahl, euch selbst zu vernichten oder nicht. Betet und meditiert, seid ehrlich zu euch selbst und ehrlich zu der Erde. Und setzt ein Zeichen, indem ihr euch selbst liebt, indem ihr eurer Freiheit im Herzen immer näher kommt und im

Frieden mit euch selbst seid. Das bedeutet es, ein Zeichen zu setzen für euren Planeten!

Mit dem Bewusstsein der Menschen kann der kosmische Plan erfüllt werden - oder auch nicht. Es liegt an euch ... Ihr seid ganz nahe dran, dass die Erde versucht, sich zu lösen. Deshalb ist es wichtig, ein Zeichen zu setzen für die Liebe und für euch selbst. Fühlt euch in eurer Schönheit, fühlt euer inneres Wesen und lasst nicht zu, dass durch Gedankenkraft oder durch falsche Gesetze oder durch Macht irgendetwas zerstört wird. Jeder Mensch ist frei.

Wir aus der geistigen Welt setzen die Warnzeichen auf der Erde. Denn wir wollen es nicht zulassen, dass dieser wundervolle Planet Erde zerstört wird durch Macht, durch Geld, durch Gewalt, durch Kriege, durch Krankheiten. Das sind keine kosmischen Gesetzmäßigkeiten, sondern das entscheidet ihr Menschen.

Jeder, der dieses Buch liest, kann sicher sein, dass er ein Zeichen setzt für das Kollektiv-Bewusstsein der Menschen und der Erde, wenn er mit sich in der Liebe ist.
Viele Seelen verlassen zurzeit ihren Körper, um ein Zeichen zu setzen. Sie wirken in der geistigen Welt und helfen von dort aus mit, die Erde ins Licht zu bringen. Auch das ist eine Entwicklung!

FRAGE: Momentan haben sehr viele Menschen sehr viele Äng-
ste. Wenn sie jetzt in dem Buch lesen: ‚... die Erde ist kurz
davor, sich zu lösen', dann kann ich mir vorstellen, dass diese
Ängste wieder neu aktiviert werden. Was heißt diese Aussage
konkret?

MICHAEL: Diese Aussage bedeutet: Das Bewusstsein
der Erde zeigt euch durch viele elementare Vorgänge
auf der Erde, wie klein ihr seid gegenüber der Kraft
eines Orkans oder gegenüber der Kraft eines Erd-
bebens ...
Die Erde will euch aufrütteln und sagen: Wacht auf
und seid gut zu mir!

FRAGE: Du sagtest, dass wir mit dem ersten Atemzug bei unserer
Geburt frei sind und loslassen. Kannst du uns das näher erklä-
ren?

MICHAEL: Ihr werdet nicht mehr von der Mutter
versorgt.

FRAGE: Das habe ich mir gedacht. Aber alle Lebewesen auf der
Erde sind doch so abhängig von der Mutter - sie müssen genährt
werden, sie müssen Wärme, Nähe und Zärtlichkeit bekommen.
Was meinst du mit frei - außer dem Abtrennen der Nabelschnur
und dem selbständigen Atmen? Wie frei sind sie wirklich?

MICHAEL: Sie sind bedingungslos. Total bedingungslos.

FRAGE: *Aber es müssen doch dann irgendwann Bedingungen geschaffen worden sein, die uns unfrei machen - wir sind doch nicht wirklich frei ...?*

MICHAEL: Diese negativen Bedingungen sind da. Sie sind in dem sozialen Netz, in dem ihr dann seid.

FRAGE: *Ja - man hört ja auch immer wieder, dass Kinder vernachlässigt werden oder verhungern. So frei sind sie ja dann doch nicht, wenn sie die Liebe nicht bekommen?*

MICHAEL: Sie sind bedingungslos offen, die Kinder. Und damit sind sie frei. Sie haben auch die Freiheit, sich zu entscheiden, ob sie ihren Körper wieder verlassen wollen.

FRAGE: *Sich selbst zu lieben heißt ja, sich selbst anzunehmen, zu achten und zu schätzen, wie man ist. Dafür werden die Menschen immer offener, und sie haben keine Probleme, ihre positiven Seiten zu sehen und auch ihre Freude an der Leiblichkeit anzunehmen. Sie haben aber große Probleme, mit ihren so genannten Schwächen oder Unzulänglichkeiten umzugehen. Sie sind der Meinung, mit Eigenschaften oder Emotionen wie Neid, Eifersucht, Wut, Zorn können sie sich nicht lieben, achten und schätzen.*
Wie können Menschen lernen, mit diesen so genannten Unvollkommenheiten zu leben, sie anzunehmen und damit sich so zu lieben, wie sie sind?

MICHAEL: Indem sie sich nicht selbst verurteilen dafür, dass sie es leben.

FRAGE: Ja, aber es ist so schwer - es gibt diese Macht-Strukturen, diese von Menschen geschaffenen Dinge wie Liebesentzug, Verurteilungen, mit denen die Menschen groß geworden sind und die auch bei Erwachsenen teilweise immer noch funktionieren. Viele Menschen tun sich unheimlich schwer, dieses falsch verstandene Schuld-Verständnis loszulassen.
Gibt es eine Meditation, ein Gebet, ein Mantra - gibt es irgendetwas ‚ganz Praktisches', damit diese Menschen wieder ihre Schuldfreiheit und damit ihr Herz spüren können?

MICHAEL: Es ist das wundervolle Gebet, das Erzengel Michael der Erde gegeben hat. Es ist wichtig für die Erde, und das kannst du einsetzen:
Ihr bekommt so viel Hilfe von uns! Es ist wichtig, dass ihr sie annehmt!

Ich gebe euch hier den Gebetstext:

Gebet von Erzengel Michael:

Freiheit ist die Brücke zum Licht.
Licht ist Liebe, und Liebe ist in mir.
Ich hülle mich jeden Tag in diese kosmische grenzenlose Liebe ein.
Ich hülle die ganze Erde damit ein,
alle Religionen, alle Politiker,
alle, die auf dem Weg sind,
die Einheit zu erkennen,
und alle, die das Licht suchen.

Ich bin Gott und ich bin du und du bist ich.
Das zu erkennen ist meine Lebensvision.
Die grenzenlose kosmische Liebe
wird von Moment zu Moment stärker
und stärker in mir sein.
In der Einheit ist alles Liebe.

FRAGE: Ich versuche wirklich, immer in der Liebe zu sein und zu bleiben. Wenn man aber sehr vehementen Angriffen oder Beschuldigungen oder Verurteilungen ausgesetzt ist, dann ist das sehr schwer - da hilft auch Reflektieren, Beten und Meditieren nicht viel, und selbst Beten und Meditieren fällt in dieser Situation nicht leicht. Dann fragt man sich oft: Haben die Leute Recht - bin ich wirklich all das, was sie mir vorwerfen? Habe ich all diese negativen Eigenschaften?
Was kann ein Mensch, der unter einem solchen Druck steht, tun, um trotzdem noch in die Liebe gehen und in der Liebe bleiben zu können?

MICHAEL: Liebe dich für deine Einzigartigkeit.

ANTWORT: Teilweise schafft man das ja. Aber dann kommt die Angst, dass es einem sogar als Hochmut ausgelegt wird, wenn man versucht, Liebe auszustrahlen. Es ist manchmal wie ein Kreislauf: Wenn man sich schlecht fühlt, wird man oft eher angenommen, als wenn man sich gut fühlt.

MICHAEL: Deshalb ist es wichtig: Liebt euch für eure Einzigartigkeit. Liebt euch dafür, dass ihr etwas Besonderes seid auf der Erde. Denn das seid ihr. Durch dieses Bewusstsein eurer Liebe werdet ihr ein Zeichen setzen. Eigentlich könntet ihr – alle Menschen – ständig und immer in der Liebe sein.

FRAGE: Ich denke da gerade an Jesus. Er war ja total im Sein, er war immer ,da'. Und was ist er aufgrund von Macht-Strukturen angegriffen worden, gedemütigt worden, verletzt worden – ,von Gesetzes wegen'! Jesus war ein besonderer Mensch. Er war in der Liebe. Für viele Menschen ist es aber sehr schwer, die Liebe überhaupt anzunehmen. Was kann man da tun?

MICHAEL: Die Jesus-Essenz, die Johannes-Essenz – um damit Ängste aufzulösen. Ihr habt alle Geschenke in der Hand! Nutzt diese Geschenke.

FRAGE: In diesem Zusammenhang habe ich eine praktische Frage zu den Essenzen: Sollen die immer genommen werden, bis das Fläschchen leer ist, um diese Dinge in mir zu integrieren, die sie vermitteln? Oder genügt es, ab und zu ein paar Tropfen zu nehmen und dann wieder eine andere Essenz – immer dann, wenn man glaubt, sie zu brauchen?

MICHAEL: Es ist gut, immer mehrere Essenzen zu nehmen. Aber: Spürt in euch hinein. Spürt nach, ob ihr ein ganzes Fläschchen braucht oder nur ein paar Tropfen. Benutzt eure Intuition, euer Herz. Wenn die Menschen sich immer mehr verbinden mit dem Herzen, wird auch die Energie der Erde immer stärker und stärker. Dann kann das Herz diese Energie wieder aufnehmen, und zwar bedingungslos. Mehr und mehr und mehr.

Die Energie zwischen Erzengel Michael und euch kann nur fließen, wenn die Herzen offen sind, wenn ihr mich im Herzen versteht. Nicht im Kopf, nicht im Verstand, sondern im Herzen.

FRAGE: Können Angst und Zweifel gleichzeitig in einem offenen Herzen existieren? Sind das Zustände, die parallel zueinander sein können?

MICHAEL: Nein.

FRAGE: Also man ist in Zweifel, Angst oder Unsicherheit - oder man ist in seinem Herzen?

MICHAEL: Ja. Alles zusammen geht nicht. Entwicklung bedeutet, immer wieder in das Herz zu gehen und es zu spüren. Entwicklung bedeutet, immer wieder auf das Herz zu hören.

FRAGE: Für viele Menschen ist es unheimlich schwierig, überhaupt das eigene Herz zu spüren - zu unterscheiden zwischen Egoismus und Selbst-Liebe, der Liebe des höheren, des göttlichen Selbst. Oft geht das Pendel von der einen zur anderen Seite. Sie wollen Selbst-Liebe, und dann ist es doch wieder Egoismus. Gibt es Atem-Übungen oder Meditationen, die einen das Herz

organisch-physisch, spüren lassen? Gibt es Übungen, damit sie die Liebe in ihrem Herz wirklich fühlen lernen?
Und noch etwas: Oft schleichen sich bei Gebeten oder Meditationen dann doch wieder die Gedanken des Verstandes ein. Gibt es Übungen, die automatisch den Verstand ausschalten, damit die Menschen das Herz, die Liebe und die kosmische Qualität auch spüren?

MICHAEL: In der Stille kannst du dein Herz am besten erfahren. Lege dich auf deinen Rücken und halte deine Hände auf dem Herz-Chakra. Atme strahlend grünes Licht durch die Nase ein - bis zu deinem Herzen - und wieder aus. Atme 81-mal. Nach diesen 81 Atemzügen bist du mit dieser wundervollen Meditation in deinem Herzen.

FRAGE: Du sagtest, wir sollen Zeichen setzen. Wie stark beeinflussen unsere Gedanken und die Visionen die Realität? Ist es wichtig, darauf zu achten, positiv zu denken - ist es wichtig, über unsere Ängste zu bestimmen und in Hoffnung und Liebe zu denken?

MICHAEL: Auch das ist Entwicklung: Wenn das Bewusstsein immer mehr ins Herz geht, verändern sich deine Gedanken, verändern sich deine Worte, verändert sich dein ganzes Leben.

FRAGE: Ich kann doch aber auch diesen Prozess positiv unterstützen, indem ich meine Gedanken steuere? Ich erlebe zum Beispiel immer wieder, wie stark Glaubenssätze wirken, wie viel Negativität dabei ist. Wie negativ sprechen wir oft mit Partnern, mit Kollegen, mit den Menschen, wie sehr manifestiere ich damit das Negative. Genauso kann ich doch aber auch das Positive manifestieren?

MICHAEL: Es geht auch um das Bewusstsein deiner Gedankenkraft. Je mehr du dich mit dem Göttlichen verbindest, desto stärker und liebevoller werden deine Gedanken und Worte. Wichtig ist, zu vertrauen - eurem Tun, eurem Sein zu vertrauen!

FRAGE: Bei vielen Menschen ist das Vertrauen tief verletzt worden durch Verlustängste, durch Lebensängste, durch Liebesentzug. Sie können nicht mehr vertrauen. Sie finden nicht den Weg zum göttlichen Bewusstsein, um das verletzte Vertrauen auflösen zu können.
Hast du praktische, einfache Tipps für die Gegenwart - wo sie gar nicht viel denken müssen und trotzdem kaum Chancen haben, wieder in das Gefühl der Angst hineinzukommen? Und gibt es ein Schutzschild gegen diese Energien im Geschäftsleben, wo es um knallhartes Verkaufsprinzip geht, das nur auf Materielles ausgerichtet ist und auf Macht? Braucht man da ein Schutzschild - und braucht man dieses auch gegen die negativen Energien, die oft in der Familie oder im Freundeskreis vorhanden sind? Oder reicht es, diese Übung mit den 81 Atemzügen zu machen, um die negativen Energien wieder auszuatmen?

MICHAEL: Das Beste ist, wenn die Menschen von selbst darauf kommen, dass es nicht ihr Weg ist, so zu handeln.

FRAGE: Aber wir haben heute sehr viel Mobbing, sehr viele Intrigen. Das macht ja die Menschen oft kaputt - es geht um ihre Existenz. Sie sind in dieser negativen Energie - was können sie dagegen tun?

MICHAEL: Loslassen! Es braucht kein Schutzschild, das würde nichts bringen. Einfach loslassen! Und dann kann Gott durch euch wirken. Nicht wenn ihr in Angst und Schrecken seid, sondern wenn ihr loslasst, wenn ihr ja sagt zu euch selbst, kann Gott helfen. Wenn du immer wieder in diese negativen Energien gehst, sagst du niemals ja zu dir.
Ihr alle habt das Potenzial, euer Leben selbst zu kreieren.

FRAGE: Das heißt, wenn wir uns zu viele Gedanken um uns machen, um unsere materielle Sicherheit, dann können wir kein Vertrauen und keine Liebe erfahren?

MICHAEL: Ja! Es ändert sich. Es ändert sich mit dem Bewusstsein. Ihr denkt immer noch, dass die Erde euch gehört. Kein Haus gehört euch, kein Garten, keine Straße - nichts, nichts gehört euch. Niemals. Und alles ist im ständigen Wandel.

FRAGE: Und was gehört denn dann mir? Gehört den Menschen gar nichts - außer dem Bewusstsein?

MICHAEL: Das Bewusstsein gehört euch. Ihr kommt völlig nackt auf die Erde. Und ihr könntet auch völlig nackt wieder gehen, das spielt keine Rolle, es ist nur die Ästethik in eurem Land, die Bekleidung braucht. Ihr kommt völlig nackt und frei, und ihr geht völlig nackt und frei. Was gehört euch denn? Zu erkennen, dass Gott euch das ganze Leben schenkt auf der Erde und mit der Erde - darum geht es.

FRAGE: Was ist die Freude des Erkennens?

MICHAEL: Wenn du Gott in dir erkennst, was ist das ...: unendliche Freude, unendliche Liebe, unendliche Schönheit!
Wenn ihr das erkennt in eurem Bewusstsein, ist es das Größte, was ihr erleben könnt auf der Erde und für die Erde.

ANTWORT: Wenn ich die wirtschaftliche Entwicklung sehe, die Rentenfrage, die Aktieneinbrüche, die Geldentwertungen - all diese Dinge, die bisher als Sicherheiten angesehen werden, brechen zusammen.

MICHAEL: In der Liebe gibt es keine Begrenzungen, nur im Materiellen. Wenn du mit dir in der Liebe bist, kannst du alles haben - alles. Du kannst alles haben - gleichzeitig mit dem Bewusstsein, dass du frei bist! Denn dir gehört ja nichts ... nichts! Das macht frei!
Die Strukturen werden sich ändern. Ihr werdet alle eure Körper behalten. Es ist nicht so, dass ihr eure Körper verlasst und in andere Hüllen schlüpft. Es wird

auch das Geld noch geben. Aber es hat alles eine andere Wertigkeit, denn alles, was nicht in Liebe ist, wird zusammenbrechen bis dahin. Und in dem Zeitraffer, in dem ihr euch gerade befindet, wird es noch sehr viel schneller gehen. Sehr, sehr viel schneller.

FRAGE: Woher kommt dieser Zeitraffer? Das empfindet ja jeder, die Zeit ist ja noch nie so schnell gerast. Der Tag hat keine 24 Stunden mehr - er ist sehr viel kürzer geworden! Woher kommt das? Habt ihr da was gedreht da oben, macht ihr da was in der geistigen Welt?

MICHAEL: Energie kennt keine Zeit. Und wenn die Energie täglich erhöht wird für die Erde, wird auch Zeit aufgelöst.

FRAGE: Dann hat dieses Empfinden, dass die Zeit immer schneller geht, mit der Anhebung der Energie auf der Erde und bei den Menschen zu tun?

MICHAEL: Ja.

FRAGE: Es ist ja eine insgesamte Anhebung der Energie, die da geschieht. Warum hebt sich die Energie permanent immer weiter und immer weiter an? Könntet ihr in der geistigen Welt nicht mal sagen, jetzt macht die Energie-Anhebung mal Pause?

MICHAEL: Wozu?! Mit dem Eintritt in das Wassermann-Zeitalter, seit dem Jahre 2000, habt ihr sowieso eine ganz andere Energie zur Verfügung.

FRAGE: Wenn die kosmischen Gesetze die Gesetze der Liebe sind - wie kommt es, dass viele Menschen diese Liebe nicht annehmen beziehungsweise in Suchtverhalten gehen? Für mich war immer die Sehnsucht nach Liebe da, auch nach der kosmischen Liebe. Warum bereitet dieser Gedanke der kosmischen Liebe den Menschen so viel Angst?

MICHAEL: Wegen ihrer Wertvorstellungen. Sie glauben, dass sie es nicht wert sind, Gott zu sein.

FRAGE: Ist das immer noch eine kirchliche Prägung?

MICHAEL: Nicht nur kirchlich, auch gesellschaftlich! Aber das Wichtige ist, dass ihr es euch wert seid.

ANTWORT: Es gibt Zeitungsartikel, die die Spiritualität in allen möglichen Formen angreifen.

MICHAEL: Es sind Zeichen. Angriffe sind Zeichen der Macht.

FRAGE: Das heißt, die esoterischen und spirituellen Gemeinschaften, die jetzt angegriffen werden - wahrscheinlich künftig noch vehementer und auch durch die Kirche, die ihre Macht schwinden sieht -, die müssen sich keine Gedanken machen, die müssen gar nichts tun?

MICHAEL: Nichts. Sie müssen nichts tun.

FRAGE: Gilt das für alle Angriffe, denen man persönlich oder als Gruppe ausgesetzt ist?

MICHAEL: Das gilt für alle Angriffe. Für alle! Tut nichts! Ihr seid geschützt! Alle Projekte, die in Liebe sind, alle Firmen, die in Liebe sind, haben das große Potenzial, diese Liebe über die ganze Erde zu bringen.

FRAGE: Das Potenzial ja – aber du hast doch gesagt, dass schon vielen Therapie-Zentren die Energie entzogen wurde, weil es innerhalb der Teams dann irgendwann doch um die Macht ging. Es entstanden Macht-Strukturen, die auf Ängsten beruhten, auf Misstrauen, auf alten Mustern und Beschuldigungen.
Was können Menschen tun, die in einer solchen Gruppe – ob spirituell oder nicht – arbeiten, die die Vision von Liebe für ihre Tätigkeit haben, was können sie tun, damit nicht alles zusammenbricht?

MICHAEL: Ein Zeichen setzen.

FRAGE: Ja, schon – aber wie sieht dieses Zeichen aus?

MICHAEL: Es gibt kein größeres Zeichen, als in das Herz zu gehen.

ANTWORT: Dazu habe ich einen praktischen Tipp: Ich habe überall bei mir zu Hause Herzen in allen möglichen Arten – auch, um die Form visuell immer wieder vor mir zu haben. Ich werde dadurch immer wieder an den Weg zum Herzen erinnert.

MICHAEL: Nehmt die Essenz des Monats. Erzengel Michael gibt sie der Welt, damit ihr euch ganz mit der Energie des Monats verbindet. Diese Essenz führt

euch mit den Prozessen ins Herz. Nehmt dieses
Geschenk an. Nehmt diese Unterstützung an.

Ihr bekommt so viel Liebe von Erzengel Michael, der
immer, immer in eurem Herzen ist. Es ist viel wichtiger, euch das immer wieder präsent zu machen, als
irgendwelche Herzen aufzuhängen im Büro oder zu
Hause. Darum geht es nicht. Es geht darum, dass ihr
die Qualität und die Schönheit des Herzens lebt.

FRAGE: Da hilft auch das Gebet. Je öfter man betet, umso mehr
Kraft wird einem geschenkt.

MICHAEL: Ja! Nutzt all diese Geschenke! Ihr seid
an der Quelle! Durch euch kann es in die Welt
gehen.
Das ist wichtig: Entwicklung ist, immer mit euch
selbst zu sein. Und immer mehr, immer mehr den
Frieden in euch zu spüren, in eurem Bewusstsein.
Und Gott steht nichts gegenüber. Mit eurer Macht
habt ihr das Gegenüber erschaffen. Aber es gibt
keine andere Kraft, die so stark ist wie die Liebe.
Keine.

Es geht nicht um Angst. Es geht darum, in die Liebe
zu gehen - in die Liebe im Herzen. Das ist Entwicklung - die Freude und die Schönheit einzuladen.
In diesem Bewusstsein seid ihr frei.
Die kosmischen Gesetze sagen niemals: ‚Du sollst

nicht töten' - sie sagen, du sollst ein Zeichen setzen und hören, was dein Herz dir sagt. Und dein Herz würde niemals töten.

FRAGE: Ich weiß nicht - - - ich glaube, wenn jemand meinen Kindern etwas antun würde, ich würde mich mit aller Kraft wehren, selbst wenn ich dabei zur Mörderin würde. Wenn mich jemand umbringen wollte, dann könnte ich vielleicht noch sagen, gut - wenn's denn sein muss ... Aber bei meinen Kindern ... Was ist, wenn ich als Mutter das Leben meiner Kinder verteidige und dann vom Herzen her töte - ist das ...?

MICHAEL: Wenn du Angst hast, kann es passieren. Wenn du keine Angst hast, wird nichts passieren.

FRAGE: Wenn ich keine Angst habe, habe ich dann automatisch ein Schutzschild, und breitet sich dieses Schutzschild dann auch automatisch über meine Kinder aus?

MICHAEL: Ja. Das ist so.

FRAGE: Dann brauche ich ja gar nicht für meine Kinder eine Mörderin zu werden? Das war immer noch so ein Punkt, der mir bisher unklar war.

MICHAEL: Mit der Angst gefährdest du dein Kind. Mit der Liebe niemals.

ANTWORT: Ich bin mal wieder verblüfft, dass die Antwort so simpel ist: Liebe gibt alles. Liebe gibt Schutz, Geborgenheit, Sicherheit ...

MICHAEL: ... und die Liebe löscht alle Ängste. Ja!
Nichts ist schwer. Nur mit euren Gedanken, eurem
Verstand glaubt ihr, dass es schwer ist. Vom Herzen
her ist nichts schwer. Alles ist da. Es ist ganz einfach.

*FRAGE: Aber - werden da viele Menschen sagen - was ist mit
der Realität? Was ist, wenn Chaos um mich herum ist, was ist,
wenn Not um mich herum ist, was ist, wenn ich nicht genug
Geld zum Leben habe - wo ist es denn dann einfach? Wenn ich
in Not bin, was nützt es mir dann, in Liebe und im Vertrauen zu
sein - was nützt das Schönreden?*
*Das sind die Argumente der Menschen, die konfrontiert sind mit
einer Realität voller Schwere, Angst und Zweifel. Es geht vielen
Menschen so. Ich weiß es zwar von mir persönlich, dass alles im
Fluss ist, wenn ich in Liebe bin. Ich weiß das, und es ist wunderschön. Aber viele Menschen wissen es nicht.*

MICHAEL: Jeder kann ausbrechen aus seiner Situation. Jeder. Jeder Mensch kann frei sein - jeden
Moment. Jeder trägt den Schlüssel zur Freiheit -
jeder, ihr alle. Nutzt ihn. Nutzt den Schlüssel.
Der einzige Weg auf der Erde ist Liebe. Der einzige
Weg, der euch ins Herz führt, ist Liebe. Der einzige
Weg, der euch nährt, ist Liebe. Die Menschen werden dick. Warum? Sie lieben sich zu wenig. Sie verstehen unter Liebe, ihren Körper mit Essen zu füllen.
Aber die kosmische Liebe ist viel gehaltvoller. Und
ihr könnt euch immer mit dieser Quelle verbinden -
jederzeit, allezeit.

Ihr werdet unermesslich geliebt. Erzengel Michael ist alle Zeit mit euch. Habt Vertrauen. Alles wird gut. Alles.

In tiefer Liebe

Erzengel Michael

Einheit ist die Entwicklung der Erde bis zum Jahre 2013

Channeling vom 26.11.2002

MICHAEL: Habt keine Angst!

Habt keine Angst. Es geht uns nicht darum, irgendwelche Ängste in die Welt zu setzen. Es geht uns darum, euch zu zeigen, dass ihr vertrauen könnt.

Vertraut mit Liebe euch selbst.

Vertraut mit Liebe uns.

Und vertraut mit Liebe diesen wundervollen Werkzeugen, die wir euch geben, um der Erde zu helfen. Es ist von großer Wichtigkeit, dass diese Werkzeuge - die Symbol-Karten, die Essenzen - viele Menschen im Herzen berühren.

FRAGE: Dann sollten wir im Buch noch einmal speziell darauf hinweisen?

MICHAEL: Ja. Das ist sehr wichtig!

Bestrahlt mit dem Ashala-Symbol die ganze Erde. So werden alle Nahrungsmittel, die zu dieser Zeit so sehr chemisch belastet sind, wieder rein.

Bestrahlt das Wasser, die Meere - bestrahlt eure Zellen, euer Zellwasser, das dieselben Eigenschaften hat wie das Meerwasser.

Bedenkt: Alle unterirdischen Atom-Tests, alle Meeresverschmutzungen sind im Kollektiv-Bewusstsein der Erde gespeichert. Ihr seid Teil dieses Kollektiv-Bewusstseins. Mit jedem Erdbeben auf der Erde bröckelt euer erstes Chakra!

FRAGE: Das erste Chakra bröckelt - heißt das, unsere Verbindung zur Erde wird dadurch weniger stabil?

MICHAEL: Ja.

FRAGE: Du sagst, wir sollen die ganze Erde bestrahlen mit den Symbol-Karten und den Essenzen; wie können wir das tun?

MICHAEL: Vergrabt die Karten in der Erde. Die Wirkung verteilt sich. Sie wird noch erhöht, wenn ihr die Karten an Kraftorten vergrabt.

Überall, wenn ihr in die Natur geht, vergrabt die Essenz gegen die atomare Elektro-Strahlung.

Legt die Karte mit dem Kalika-Symbol, das die Schwingungen des Wassers verändert und reinigt, in euren Atlas.

Tut das auch mit dem Ashala-Symbol, das die Schwingungen der Lebensmittel verändert und reinigt.

Tut es! Ihr habt die Werkzeuge, der Erde zu helfen!

Seid viel bewusster mit euch selbst und mit der Erde - viel bewusster.

Das Spiel, das die Menschen mit der Erde spielen, ist gewaltig. Es geht wirklich jeden Moment darum, aufzuwachen und die Menschen zum Aufwachen zu bringen.

Diese Restriktionen und diese Qualen, die die Menschen der Erde zumuten - und somit sich selbst -, müssen aufhören.

Jeder einzelne Mensch hat es in der Hand, dies zu ändern.

Diese wundervollen Werkzeuge, die ihr habt - die Symbol-Karten und die Essenzen -, sollen helfen, wieder in die Liebe zu kommen: Erst dann kann der Mensch mit der Erde wieder in der Liebe sein.

Wenn die Wale und Delphine mit ihrem Bewusstsein für die Balance der Erde nicht in den Tiefen des Meeres leben würden, dann würde das Wasser pausenlos die Erde überfluten.

Die Wellen wären hoch, sehr hoch - weil das Meer euch den ganzen Müll wieder zurückkippen würde, doppelt und dreifach!

Nur durch die Schwingung der Wale und Delphine im Meer werden die Wellen sehr sachte gehalten.

Schenkt deshalb diesen wundervollen Lebewesen, den Walen und Delphinen, das Licht und die Liebe!

Es ist wichtig, die Liebe zu erkennen. Jeden Moment.

Wir aus der geistigen Welt wollen in den kommenden Jahren noch sehr viel mehr Menschen erreichen. Ihr seid Teil dieses Planes. Jeder Mensch kann entscheiden, ob er in Liebe mit der Erde ist oder nicht. Doch wenn er nicht mit sich selbst in Liebe ist, kann er nicht mit der Erde in Liebe sein.

Verschwendet keine Zeit mehr! Geht den Weg der Liebe für die Erde und geht den Weg zu eurem Herzen!

Ihr seid nicht auf die Erde gekommen, um die Erde zu zerstören.

Ihr seid nicht auf die Erde gekommen, um diese zerstörerischen ‚Spielchen' mitzuspielen.

Ihr seid in totaler Freiheit gekommen. Und jetzt habt ihr die Chance, diese Freiheit wieder zu erkennen und in sie hineinzugehen.

Tut es – geht mit!

So viele Techniken und so viele Werkzeuge kommen auf die Erde, um sie zu heilen – es ist so wichtig, dass ihr sie nutzt.
Lasst diese Zerstörung nicht länger zu.

Geht in eure Liebe und geht in euer Herz. Dann wird alles leicht.
Lasst euer Herz wieder leuchten! Nur dann kann das Herz der Erde wieder leuchten.

Es ist wichtig, dass das Vertrauen stärker und stärker und stärker wird: das Vertrauen zu euch selbst, zu eurem Herzen, zu eurer Liebe.

Es ist wichtig, dass ihr wisst: In jedem Herzschlag eures Körpers ist Gott.

Das Thema für 2012 - für die Entwicklung der Erde bis 2012 - ist Liebe. Und Liebe bedeutet Freiheit.

Warum haben so viele Menschen auf der Erde Angst vor dieser Liebe, vor dieser Freiheit?
Weil viele Menschen überhaupt nicht mehr auf ihre innere Stimme hören. Sie ‚funktionieren‘.

Doch Liebe hat keine ‚Funktion‘ - sie ist immer da. Bedingungslos. Liebe erwartet niemals etwas von dir.

Es ist so wichtig, dass jeder Mensch sich selbst bedingungslos liebt und annimmt. Dann hören diese ganzen Verurteilungen auf, diese Selbstzweifel, dieser Selbsthass.

Liebe ist un-berechen-bar. Bedingungslose Liebe ist immer un-berechen-bar.
Deshalb haben so viele Menschen Angst davor.

Aber alles - alles, was nicht in Liebe ist - wird zusammenbrechen.

Deshalb ist es so wichtig, so viele Menschen wie möglich mit dieser Liebe zu erreichen, mit dieser bedingungslosen, un-berechen-baren Liebe.

Nur so könnt ihr euch wieder mit der grenzenlosen Schönheit eures Herzens verbinden - dieser Schönheit, die über alle Grenzen geht. Das ist Transformation.

FRAGE: *Mit der bedingungslosen Liebe habe ich so meine Schwierigkeiten. Ich weiß nicht, wie ich sie umsetzen soll. Auf der einen Seite soll ich die Menschen bedingungslos lieben und annehmen, auf der anderen Seite sehe ich, wie unachtsam Menschen mit sich selbst und anderen Menschen umgehen - und wie leichtfertig sie auch mit der Erde umgehen, die ja ebenfalls bedingungslos geliebt werden will.*
Wie kann ich lernen, meine bedingungslose Liebe gegenüber den Menschen und gegenüber der Erde zu leben?

MICHAEL: Bedingungslose Liebe kannst du nur leben, wenn du authentisch bist. Wenn du das, was du im Moment in deinem Herzen fühlst, auch bist.

ANTWORT: *Eine solche Authenzität werden manche Menschen aber nicht als Liebe sehen, sondern eher als Kritik oder als Ablehnung ihnen gegenüber. Aber du hast Recht - Authenzität ist Ehrlichkeit.*

FRAGE: *Kann ich das wirklich - in jedem und in allem die Liebe Gottes sehen? Also auch im Mörder, im Umweltverschmutzer, im Kinderquäler? Wie kann ich ihm trotz allem in Liebe begegnen und in allem, was er tut, Gottes Liebe sehen?*

MICHAEL: Erzengel Michael sagte euch gerade: Mit jedem Herzschlag ist Gott in euch. Das ist die Umsetzung.

Wenn ihr euch bedingungslos liebt, könnt ihr alle Menschen bedingungslos lieben. Alle.

FRAGE: Bedingungslose Liebe macht manchen Menschen Angst. Wie kann es sein, dass es einem Menschen Angst macht, wenn ich ihn bedingungslos liebe - eigentlich ist doch auch in ihm selbst diese bedingungslose göttliche Liebe?

MICHAEL: Ihr seid ja alle so progammiert gewesen - programmiert, zu funktionieren, indem ihr auf andere hört, auf die Stimme der Macht. Wenn jemand sich selbst bedingungslos liebt, kann er nur noch das tun, was sein Herz sagt.

Auf ihr Herz zu hören macht vielen Menschen Angst. Sie versuchen vor dieser Stimme auszubrechen, die sie immer mehr drängt, etwas anderes zu leben als die bisherige Programmierung. Sie müssten dann ihr Leben ändern ...

ANTWORT: Ich habe den Eindruck, dass viele von den alten Mechanismen auseinander brechen bei der bedingungslosen Liebe. Masken fallen, Rollenspiele funktionieren nicht mehr, die alten Programmierungen fallen weg.

MICHAEL: Masken sind nicht Liebe. Ihr könnt in der Zeit, in der ihr jetzt lebt, diesen wundervollen Schritt wagen, alle Masken fallen zu lassen!

Alle Fassaden, die ihr euch aufgebaut habt, alle Spielchen, die in euren Zellen gespeichert sind - sie sind nichts gegen die herzerfüllende bedingungslose Liebe.

Das ist das Ziel: dass die Erde wieder mehr und mehr mit der göttlichen Energie gefüllt wird. Immer mehr. Und dadurch auch ihr!

Die Menschen müssen wieder lernen, sich selbst zu lieben. Dann schafft ihr ihn gemeinsam mit der Erde, diesen Aufstieg.

Dieser Aufstieg vollzieht sich gerade schon. Ihr seid mitten im Prozess.

Die fünfte Ebene, die fünfte Dimension ist die Dimension der bedingungslosen Liebe.

Wenn ihr es spüren wollt, wie die Energie sich im Jahre 2012 anfühlen wird - nehmt die Erd-Essenz. In dieser Essenz ist die Energie von 2012 gespeichert, um eure Zellen darauf vorzubereiten.

FRAGE: Dann wäre es für uns alle im Kamasha-Team wichtig, dass wir die Erd-Essenz und die anderen Essenzen nehmen?

MICHAEL: Ja! Erzählt den Menschen davon, wie diese Essenzen auf euch gewirkt und euch befreit haben. Die Menschen sollen diese Essenzen nehmen.

FRAGE: In welcher Dimension befinden wir uns jetzt? Ich war der Meinung, wir sind in der dritten. Dann würden wir ja eine überspringen. Oder sind wir bereits in der vierten Dimension - und die heißt ‚Materialismus pur'?

MICHAEL: Die vierte Dimension ist, Grenzen zu sprengen, um in die fünfte Dimension zu gehen.

Da seid ihr gerade dabei - Grenzen zu sprengen, um für euch selbst in die Liebe zu gehen.

Es werden zurzeit viele Grenzen gesprengt - zwischen Ländern, zwischen Völkern, zwischen Menschen.

Um bedingungslose Liebe zu erfahren, ist es wichtig, dass alle Grenzen fallen. Im Innen wie im Außen. Nur so kann die Erde mit euch Menschen aufsteigen.

Doch ihr werdet bei diesem Aufstieg eure Körper behalten. Ihr werdet nicht formlos sein.

FRAGE: Ich habe gelesen, dass durch die höhere Schwingung die menschlichen Körper bis 2012 verjüngt und anders nutzbar sein werden; es heißt auch, dass wir später per Telepathie miteinander kommunizieren können. Ist das so?

MICHAEL: Alles ist möglich!

Alles ist möglich. Ihr könntet das alles jetzt schon auf der Erde, wenn ihr die Schwingung halten könntet. Doch noch seid ihr nicht so weit.

Alles ist möglich: die Schwerkraft aufzuheben, so dass der Körper über dem Boden schwebt ... Alles ist möglich ...

Natürlich werden eure Nervenzellen, eure Chakren, dieser hohen Energie angepasst.

FRAGE: Ist diese Energie-Erhöhung der Grund, dass so viele Menschen im Moment so viele körperliche Schmerzen haben? Auch wenn sie nicht krank sind?

MICHAEL: Ja! Der Prozess geht in die Zell-Ebene.

FRAGE: Wird es einen Punkt geben, an dem dieser Prozess beendet ist?

MICHAEL: Ja. Wenn die fünfte Dimension erreicht ist.

FRAGE: Ist es individuell verschieden bei den Menschen, wann sie diesen Punkt erreichen und den Prozess beenden, oder ist das ein Kollektiv-Erlebnis?

MICHAEL: Das Kollektiv-Erlebnis findet 2012 statt. Die schnellste und stärkste Energie-Anhebung wird zwischen 2006 und 2008 geschehen.

FRAGE: Das heißt, die Energie-Anhebung, die wir momentan erleben, ist noch gar nicht so stark? Mit anderen Worten: Es wird noch schlimmer ...?!

MICHAEL: Ja, die Energie-Anhebung wird noch stärker (nicht schlimmer!).

Deshalb ist es wichtig, dass ihr euch Räume schafft, in denen ihr euch zusammentun könnt, in denen ihr leben könnt, damit ihr nicht so sehr diesem Stress ausgesetzt seid – diesem Stress der ungeheuren Energien, wenn die Masken fallen.

Es ist wichtig, dass ihr euch zusammenfindet und eure gemeinsamen Energien manifestiert.

Es ist wichtig, dass die Liebe wieder fließt zwischen den Menschen. Jeder Mensch, der sich aufgerufen fühlt, sich selbst zu leben, in Liebe zu sein mit sich selbst – er setzt ein Zeichen für die Erde.

Das ist der Übergang in die fünfte Dimension -
dieser Liebesprozess. Es gilt, alle Masken fallen zu
lassen, alle Spiele zu beenden und nur noch in eines
zu gehen: in die Liebe. Denn Liebe sprengt alle Grenzen. Alle.

*ANTWORT: Die Menschen spielen verschiedene Rollen,
sie tragen verschiedene Schichten von Masken. Schicht für
Schicht muss abgetragen werden. Wir glauben so oft, jetzt endlich authentisch zu sein, und dann ist da plötzlich eine neue
Maske. Wir Menschen sind ja darauf programmiert,
wie wir sein sollen oder nicht sein sollen - und sind deshalb so
voller Maskenschichten ...*

MICHAEL: Wichtig ist, dass ihr erkennt, dass ihr den
Schutz - diesen angeblichen Schutz! - der Masken
nicht mehr braucht!

Das macht alles viel leichter, und ihr seid viel
schneller in eurer Authenzität.

Jede Maske ist ein Schutz. Ihr wollt damit etwas
bewahren. Aber ihr könnt euch nichts bewahren,
gar nichts - außer der Liebe.

Wenn ihr mit euch selbst eins seid, wenn ihr mit
euch selbst in Liebe seid und wenn ihr die wundervollen Werkzeuge der Essenzen und Symbol-Karten
nutzt - was müsst ihr da noch verbergen?

FRAGE: Mit mir selbst in Liebe sein heißt doch aber auch, diese verschiedenen Masken, diese verschiedenen Anteile von mir selbst, erst einmal lieben zu lernen?

MICHAEL: Es heißt, sie anzunehmen. Es heißt, dadurch zu sich selbst zurückzukommen.

Komm zu dir! So heißt auch eine der Essenzen, die wir euch gegeben haben. Im Text zu dieser Essenz steht: Lass alle Masken fallen, beende alle Spielchen, komm zurück zu dir selbst.

Ihr habt also alle Werkzeuge, um in diese Liebe zu kommen und euch selbst zu vertrauen – euch selbst!

FRAGE: Bei der Einnahme der Essenzen kann es zu ziemlich heftigen physischen und psychischen Reaktionen kommen. Ich selbst habe das bei mir festgestellt. Aber ich spüre auch intensive positive Veränderungen in mir, regelrechte Befreiungen.

Ist das grundsätzlich immer so – geht das bei jeder neuen Essenz, die man zu sich nimmt, immer wieder von vorne los mit diesen Reaktionen?

MICHAEL: Es kommt darauf an, wo diese Essenz dich hinführen will ... Es sind die Loslass-Prozesse, auf die ihr reagiert.

Wenn du sehr stark reagierst, dann nimm nur einen Tropfen. Diese Essenzen sind Prozess-Beschleuniger.

Alles, was deiner Seele schadet, und alles, was deiner Seele geschadet hat im Laufe eines Lebens, wird durch diese Essenzen gereinigt. Du erfährst dich völlig neu.

Diese Schnelllebigkeit, in der ihr euch gerade befindet auf der Erde, dient dazu, Prozesse zu beschleunigen. Es gilt jetzt, innerhalb von ein oder zwei Jahren das zu verarbeiten und zu erfahren, wofür viele Menschen bisher viele Leben brauchten.

Diese Schnelllebigkeit in dieser Zeit ist wichtig, damit ihr euch von allem Alten verabschiedet. Es bedeutet, Grenzen zu sprengen! Und das bedeutet auch, das Zeit-Hindernis zu überwinden. Denn Zeit ist Illusion.

FRAGE: *Was heißt das konkret - das Zeit-Hindernis zu überwinden?*

MICHAEL: Ihr denkt, ihr seid Jahre und Jahre und Jahre mit einem bestimmten Thema beschäftigt. Dieses Thema kann in der derzeitigen Schnelllebigkeit in zwei Stunden erledigt sein.
Dieses Zeitgefühl von euch ... Einmal habt ihr keine Zeit, dann wieder habt ihr viel Zeit ... Wenn ihr Pause macht, habt ihr viel Zeit, wenn ihr keine Pause macht, habt ihr wenig Zeit ... Aber diese von euch empfundene ‚Zeit' ist reine Illusion.

Zeit ist immer da. Und doch ist es auch eine Illusion, dass die Zeit immer da ist. Millionen von Grashalmen, Millionen von Bäumen sind immer da. Sie richten sich niemals nach der Zeit. Niemals.

FRAGE: Ich persönlich hatte in den letzten Wochen immer häufiger den Eindruck, als würde sich die Zeit verlangsamen - die Minuten und Stunden scheinen länger zu dauern, es scheint mehr Ruhe einzukehren in die Hektik des Alltags.

MICHAEL: Das ist deine persönliche Wahrnehmung! Jeder hat eine individuelle Wahrnehmung. Durch die Maria-Essenz, die du nimmst, nimmst du die Zeit verlangsamt wahr - weil du dich nicht mehr so in Stress bringen lässt wie vorher.

Deshalb hat Erzengel Michael auch eine weitere wichtige Essenz geschaffen: die ‚Überbrückung der Zeit-Dimension'. Auch das ist eine Essenz für den wichtigen Aufstieg bis zum Jahre 2012.

Habt keine Angst! Vertraut euch selbst. Ihr seid geschützt!

Es geht darum, durch diese Essenzen noch viel tiefer mit euch selbst in Kontakt zu kommen.

Mit Liebe ist alles möglich. Alles. Jeder von euch kann alles bewirken.

Der größte Prozess in dieser Zeit ist das Loslassen.
Es gilt, jeden Moment immer wieder loszulassen: alle
Vorstellungen, das Alte, aber auch das Neue loszulassen - jeden Moment. Das ist sehr wichtig - sehr,
sehr wichtig.

Denn wenn ihr Altes festhaltet, haltet ihr auch
die Zeit fest. Dann könnt ihr keine Grenzen
sprengen.

Auch das gehört zum Übergang von der vierten in
die fünfte Dimension: Loslassen. Und das, was dann
bleiben wird - das, was wirklich übrig bleibt -, ist ein
Paradies.

*ANTWORT: Ich stelle mir dieses ständige Loslassen in jedem
Moment gerade vor. Das heißt ja, dass ich mich jeden Moment
konkret jeder Situation des Alltags und auch mir selbst immer
wieder neu stellen muss - ohne das Alte mit-zubewerten ... Das
ist eine Herausforderung!*

MICHAEL: Ja - und genau das bedeutet es, im
‚Hier und Jetzt zu sein‘! Es bedeutet, nichts zu
erwarten!
Erwartungshaltung ist verschwendete Energie.

Im Hier und Jetzt zu sein heißt, jeden Moment bei
sich selbst zu sein. Und genau das bringt euch Klarheit - jeden Moment neu. Jeden Moment.

Zu diesem Loslass-Prozess gehört auch, immer wieder Menschen loszulassen. Freunde loszulassen, Partner loszulassen. Dankbar zu sein für die gemeinsamen Erfahrungen - aber loszulassen.
Das bedeutet nicht Trennung, sondern es bedeutet, nicht festzuhalten. Nichts zu wollen. Keine Bedingungen zu stellen.

Einfach sein.

Auch das ist eine Qualität dieser neuen Zeit.

Je mehr ihr euch mit dem Hier und Jetzt verbindet, umso freier werdet ihr. Keine Vorurteile ... keine Erwartungen ... nichts ...

Und dann kehrt Stille ein. Diese Stille, dieser Friede, die ihr in euch hattet, als ihr auf die Erde gekommen seid.

Euer wundervolles Wesen lebt nur jetzt, hier, in diesem Moment. Nur. Kinder leben nur im Moment. Sie wissen nichts von Zeit - nichts. Tiere wissen nichts von der Zeit ...

FRAGE: ... und viele Mütter bringen heute schon ihre kleinen Kinder unter Zeitdruck. Oft sind die ab dem vierten Lebensjahr regelrecht verplant. Ständig werden sie herausgerissen aus ihren Spielen. Gibt es da einen Tipp, wie diese Mütter ihre Vorstellung von Zeit ändern können und wie sie die Zeit-Wahrnehmung ihrer Kinder besser verstehen lernen?

MICHAEL: Es ist wichtig, immer der Energie des Kindes zu folgen.

FRAGE: Da kommt jetzt die Frage aus der Praxis: Wie mache ich das? Als Mutter hat man ja auch tägliche Verpflichtungen - einkaufen, kochen, den Alltag organisieren ... Wenn ich unter Termindruck stehe und dann der Energie meines Kindes folgen soll, das jetzt am Tisch sitzen und malen will ... Das hört sich alles so gut an, aber wie setze ich das im praktischen Leben um?

MICHAEL: Es geht um die Gesamtstruktur. Die Gesellschaft, in der ihr lebt, ist nur auf Zeitdruck aufgebaut. Nur!
Wenn sich das ändert im Bewusstsein der Menschen, wird sich auch die Zeit-Qualität verändern.

Durch diesen Druck, in dem die Mütter sind, pressen sie auch ihre Kinder in ihre Zeitvorstellung. Aber diese Struktur ist da - und sie ist deshalb da, weil die Menschen ihr Herz verloren haben. Denn das Herz kennt keine Zeit.

FRAGE: Viele Menschen haben ja Angst, dass ohne Zeitvorgabe kein Halt mehr da ist, dass das Leben dann nicht mehr funktioniert - und das ist ja auch so gewollt mit diesem Druck, mit dieser Zeitstruktur.

Ich habe dich so verstanden: Die neue Zeit wird fließend und harmonisch sein, weil die Menschen mit dem Herzen leben und nicht mehr aus dem ‚Muss' heraus. Kann man sich das so vorstellen: Jeder lebt nach ‚seiner' Zeit, nach dem, was sein Herz ihm sagt, und trotzdem wird alles zusammenpassen? Auch am Arbeitsplatz?

MICHAEL: Ja, so wird es sein! Und deshalb ist es so wichtig, dass die Menschen erkennen, dass sie Liebe sind – damit sich in dieser jetzigen Struktur etwas verändert. Und dann kommt der Frieden.

FRAGE: Kommt der Frieden tatsächlich, konkret, in Wirklichkeit – oder kommt er nur, wenn alle Menschen bereit sind, sich zu ändern? Oder kommt er, wenn ein großer Teil der Menschen erkannt hat, worum es geht?

MICHAEL: Es liegt an euch selbst! Wenn alle Menschen mit sich Frieden finden, findet die Erde Frieden. Es liegt an euch selbst ...

FRAGE: Hält der Mensch das überhaupt aus – so viel Harmonie nach so viel Millionen Generationen mit Kriegen und Streit, im Leben in der Polarität, mit Hochs und Tiefs, Yin-Yang, Schwarz-Weiß? Es ist in der jetzigen Zeit nur schwer vorstellbar, dass es anders sein könnte. Werden die Menschen diese Harmonie auch wirklich leben können?

MICHAEL: Ja – so wird es sein!

FRAGE: Wir haben mal darüber gesprochen, dass es eine bestimmte Anzahl von Menschen geben muss, die zu ihrem

Herzen gefunden haben. Dann springt dieses Bewusstsein in das Kollektiv-Bewusstsein über, und dann kann der Rest der Menschheit gar nicht mehr anders denken. Ist das so?

MICHAEL: Ja!

FRAGE: Wie viele Menschen gibt es denn schon mit dem veränderten Denken? Sind wir der Zahl schon nahe, wo das ins Kollektiv-Bewusstsein überspringt?

MICHAEL: Es sind noch nicht genug ... Aber wir werden es zusammen schaffen, wir aus der geistigen Welt zusammen mit euch Menschen.

FRAGE: Du sagst, alles, was nicht in Liebe ist, wird zusammenbrechen. Das betrifft Wirtschaft, Politik und vieles mehr. Wenn alles endgültig auseinander fällt, woran Menschen sich festgehalten haben - das gibt ein unglaubliches Chaos. Die Menschen halten das nicht aus. Sie bekommen Angst, wenn sie ihre Arbeit verlieren oder ihre Macht oder ihr Geld. Sie werden aggressiv.

Diese aggressiven Ausbrüche und Anschläge passieren ja jetzt schon dauernd. Wenn es aber gleichzeitig überall passiert - wie werden die Menschen fertig mit diesem Chaos, mit diesen aggressiven Energien?

MICHAEL: Es ist wichtig, zu meditieren, in die Ruhe zu kommen. Jeden Tag.

FRAGE: Das kann ich aber so nicht hinnehmen: Ich glaube nicht, dass ich einem Familienvater, der gerade seine Arbeit und

damit die existenzielle Sicherheit für die Familie verloren hat,
sagen kann, er soll sich hinsetzen und meditieren. Der haut mir
wer weiß was um die Ohren. Wie können wir ihm trotzdem hel-
fen?

MICHAEL: Erkennt, dass es Zeichen sind für diese
neue Zeit, diese Zusammenbrüche. Ganz klare
Zeichen.

FRAGE: Ja, schon - aber konkret: Wie kann ich jemandem hel-
fen, der in tiefster Verzweiflung steckt, den seine Verluste ganz
tief getroffen haben, der in seinem Schmerz in die Gewalt eska-
liert - und der in seiner Erkenntnis, in seinem Bewusstsein noch
nicht so weit ist wie wir?

MICHAEL: Sei für ihn da in seinem Schmerz. Denn
diese Gewalt ist ja der Versuch, auf sich aufmerksam
zu machen. Sie ist ein lauter Hilfeschrei!

Wenn andere Menschen in Liebe für ihn da sind,
wenn sie ihn auffangen, passiert so etwas nicht.

ANTWORT: Dann brauchen wir selbst aber auch sehr viel Kraft,
um diesen Menschen helfen zu können.

MICHAEL: Die werdet ihr haben von uns.

Das ist das Allerwichtigste: Lernt, behutsam umzugehen mit euch selbst. Lernt, behutsam umzugehen
mit der Erde. Dann wird alles sehr viel leichter ...
Alles!

Erzengel Michael wird in der kommenden Zeit, ab 2003, durch Natara und Aloka in vielen Städten die Energien erhöhen, um noch viel mehr Menschen zu erreichen mit der Liebe, mit der Schönheit, mit der Freiheit.

FRAGE: Zurzeit laufen in allen Medien regelrechte Kampagnen gegen spirituelle Gruppen – berechtigterweise auch gegen Sekten, die Macht und Gewalt ausüben. Es wird aber alles in einen Topf geworfen.

Wie können wir es erreichen, dass die Gruppe um Natara und das Buch von Erzengel Michael sich deutlich abgrenzen von Vereinigungen beziehungsweise von Publikationen, die eindeutig auf Sektierertum und Machtbestreben aus sind?
Sollen wir als Gruppe auf bestimmte Formulierungen achten, wenn wir über unsere Arbeit und die Ziele sprechen?
Sollen wir auf bestimmte Formulierungen achten, wenn wir das Buch ankündigen oder beschreiben?

Wie können wir den Menschen am besten klar machen, dass hier nicht mit negativen Mechanismen gearbeitet wird, weder mit autoritärem Druck noch mit Gewalt?

MICHAEL: Die Menschen werden es spüren, wenn sie dieses Buch lesen. Es ist geschützt. Alles ist geschützt.

Diese Liebe, die in diesem Buch ist und die aus diesem Buch fließt, wird viele Menschen erreichen. Ihr seid das Licht. Ihr seid die Liebe. Ihr seid die Schönheit. Nehmt diesen wundervollen Auftrag ernst: Seid jeden Moment in tiefer Liebe und in tiefer Klarheit bewusst mit euch selbst.

In tiefer Liebe

Erzengel Michael

Channeling vom 03.12.2002

Meine geliebten Freunde,

Svahara ist mit euch! Svahara, eine Meisterin aus dem Land der Wale und Delphine.

Es ist mir sehr ernst, euch mitzuteilen, was gerade passiert auf eurem Planeten Erde.

Ihr Menschenkinder, was macht ihr mit der Erde?

Sie hat ein Herz, das schlägt – genau wie ihr!
Sie hat das Bewusstsein des Fühlens – genau wie ihr!
Die Erde vertraut euch. Schon seit so vielen Millio-

nen Jahren vertraut die Erde allen Lebewesen, die
eigentlich gekommen sind, um die Schönheit dieses
wundervollen Planeten zu erkennen.

Wenn die Erde in Gefahr ist, seid auch ihr in Gefahr.

Ändert euer Bewusstsein.

Helft uns, die Erde aus dieser Gefahr wieder heraus-
zuführen.

Alles ist veränderbar. Alles ist möglich – jedoch nur,
wenn ihr euer Herz wieder öffnet für euch selbst;
wenn ihr in dem Frieden lebt, der in jeder Zelle eures
Körpers gespeichert ist. Denn ihr seid auf die Erde
gekommen in dem Bewusstsein des Friedens.

Svahara möchte euch sehr bewusst machen, wie tief
wir euch lieben. Seit dem atomaren Unfall in Tschernobyl inkarnieren sich sehr viele Wesen aus dem
Land der Wale und Delphine, um euch die Schönheit
eures wundervollen Planeten wieder deutlich zu
machen.

Wäre nicht so viel Hilfe aus unseren Dimensionen
gekommen, wärt ihr nicht mehr in diesem Körper
auf der Erde.

Deshalb habt Respekt vor euch selbst und dankt euch dafür, dass ihr wirklich in Liebe und aus Liebe handelt.

Die atomare Strahlung von Tschernobyl hätte die gesamte Erde verseucht, wenn nicht die Helfer aus der geistigen Welt 75 Prozent dieser Strahlung dematerialisiert hätten.

Wir haben der Erde ein Zeichen gesetzt – und wir haben auch euch, den Menschen, ein Zeichen gesetzt.
Wir sehen, das Bewusstsein hat sich schon sehr verändert. Trotzdem erkennen noch zu wenige Menschen die Liebe.

Alles, was ihr Menschen der Erde antut, kommt irgendwann zurück.

Nehmt den Herzschlag der Erde wieder wahr!
Nehmt das Pulsieren in euren Zellen wieder wahr!

Dann könnt ihr wieder eins sein mit der Mutter Erde.

Jetzt, in dieser Zeit, ziehen sich die Wale und Delphine zurück. Sie setzen ein Zeichen. Sie sind nicht länger bereit, so qualvoll aus dem Körper zu gehen. Dieser Rückzug ist ein sehr bedeutsamer Schritt für euren Planeten: Wenn die Wale und Delphine nicht mehr da sind, wird es nass auf der Erde.

Svahara möchte euch ermutigen, sehr viel Licht und Liebe in die Meere zu schicken. Schickt diese Liebe und dieses Licht den Meeren und den Walen und Delphinen.

Die Katastrophe kann aufgehalten werden!

Wenn die Menschen aufwachen - das heißt, wenn ihr wisst, was es bedeutet, im Herzen zu sein -, dann gibt es auch nicht mehr dieses Bewusstsein der Verschmutzung. Dann gibt es nicht mehr das Bewusstsein, dass Millionen von Walen und Delphinen in Netzen hängen bleiben.

Erschafft euch eine neue Welt! Erschafft euch eine neue Realität! Erschafft euch eine Welt und eine Realität, die nur auf Liebe aufgebaut ist!
Nur dann ist gemeinsames Leben auf der Erde möglich. Nur dann kann die Trennung ein Ende haben.

Mit euch selbst in Liebe zu sein bedeutet auch, mit jedem Lebewesen in Liebe zu sein. Dann gibt es keine Zerstörung mehr.

Das Bild wird sich verändern, wenn jeder seine Realität der Liebe manifestiert. Mit Liebe ist alles möglich. Ihr habt nur ein Ziel – und ihr habt nur eine Chance: die Liebe.

FRAGE: Wie rasch muss diese Bewusstseinsveränderung geschehen? Wie viel Zeit haben wir noch?

SVAHARA: Noch ist Zeit. Noch ist es möglich, zu verändern. Das Einzige, was ihr wirklich braucht, ist die Liebe.

Habt ihr dazu Fragen?

FRAGE: Ja, zu dieser Bewusstseinsveränderung: Astronomen haben in den letzten Jahrhunderten immer zu einer Zeitenwende einen neuen Planeten entdeckt. Das war zum Beispiel zur Zeit der Französischen Revolution so oder auch zu Beginn der Nazizeit. Vor kurzem wurde wieder ein Planet entdeckt. Er erhielt von den Wissenschaftlern den Namen eines indianischen Schöpfergottes. Ist das ein äußeres Zeichen für die Bewusstseinsveränderung der Menschen auf der Erde?

SVAHARA: Die Erde ist zu heilen. Dazu braucht es sehr viele Heil-Zentren und sehr viele Menschen, die Plätze heilen, die die Erde heilen und dadurch euch selbst. Die Erde ist zu heilen. Und ihr Menschen auch.

FRAGE: Und dieser neu entdeckte Planet hat mit dieser Veränderung etwas zu tun?

SVAHARA: Ja.

ANTWORT: Diese Entdeckung wird aber zurzeit noch viel zu wenig publiziert, noch viel zu wenig in das Bewusstsein der Menschen gebracht ...

SVAHARA: Das kommt! Das wird kommen.

FRAGE: Michael hat uns beauftragt, auf den 12 Chakren der Erde Heil-Zentren zu manifestieren. Bis wann muss dieser Auftrag erfüllt sein?

SVAHARA: Es wird sehr schnell gehen. Im Jahre 2009 werden alle 12 Zentren entstanden sein.

FRAGE: Werden die Wale und Delphine wiederkommen, oder werden sie uns erst gar nicht ganz verlassen?

SVAHARA: Das hängt von euch Menschen ab.

FRAGE: Mir ist eigentlich erst in letzter Zeit durch das Lesen von Büchern klar geworden, wie intelligent, sozial und spirituell Wale und Delphine sind. Es wird sogar behauptet, es seien Engel in Körperform. Wie hoch ist das Bewusstsein der Wale und Delphine? Kannst du das ganz deutlich sagen, damit den Menschen auch wirklich klar wird, was das für Wesen sind?

SVAHARA: Das Bewusstsein der Wale und Delphine ist das der 12. Dimension.

FRAGE: Der 12. Dimension ... und wir Menschen sind im Übergang zur fünften Dimension ... Jetzt muss ich nochmal fragen: Wir sind ja alle ein Teil Gottes, auch wenn viele Menschen sich dessen noch gar nicht richtig bewusst sind. Die Tiere sind ja ebenfalls ein Teil Gottes. Sind sich die Wale und Delphine ihrer göttlichen Anteile bewusst?

SVAHARA: Ja. Sie sind sich dessen bewusst.

Ihr habt es in der Hand, dass die Erde geheilt werden kann. Setzt ein Zeichen - überall, wo ihr seid, an jedem Ort setzt ein Zeichen.

Esst kein Fleisch und keinen Fisch.

FRAGE: Du hast gesagt, wenn die Wale und Delphine uns ver-
lassen, dann wird die Erde ,sehr nass'. Meinst du damit, was
Michael uns schon sagte - dass die Wellen der Meere immer
höher werden, dass es viele Überschwemmungen
gibt, wenn der energetische Ausgleich durch die Wale und Del-
phine fehlt?

SVAHARA: Ja. Überlegt euch: Alles, was an Verunreinigungen in den Meeren ist, alles, was an Vergiftungen geschah und geschieht - all das würde über die Erde kommen. Überlegt euch dieses Ausmaß!

Es liegt an euch!

Die 12 Zentren, die auf den 12 Chakren der Erde entstehen werden, sind ein Teil des Heilungsprozesses. Sie helfen mit, dass die Wale und Delphine sich nicht von der Erde verabschieden.

FRAGE: Es ist geplant, dass zu diesen Zentren auch Schiffe gehören, die den Kontakt mit den Walen und Delphinen herstellen und aufrechterhalten. Werden diese Kontakte konkret hergestellt, oder ist das visuell gedacht?

SVAHARA: Diese Kontakte sollen tatsächlich geschehen. Das ist außerordentlich wichtig für euch Menschen!

FRAGE: Viele Menschen werden sehr bedrückt sein, wenn sie diese Worte über die Gefährdung der Erde lesen. Ich weiß von Freunden, dass sie schon sehr sparsam mit dem Wasser umgehen und auf die Reinhaltung des Wassers achten. Ihre Sorge ist aber, dass industrielle und wirtschaftliche Interessen immer noch stärker sind als das Bewusstsein für notwendige Veränderungen.

Wie können wir Industrie und Wirtschaft erreichen - wie können wir bei ihnen Veränderungen in den Denk- und Macht-Strukturen erwirken?

SVAHARA: Indem sich jeder entschließt, alternative Projekte und Firmen zu unterstützen, die für das Licht des Planeten arbeiten!

FRAGE: Solche Firmen existieren bereits?

SVAHARA: Ja! Ihr habt die Wahl. Lehnt Atomstrom ab!

FRAGE: Es wird aber sehr viel gelogen und betrogen, es kursieren sehr viele falsche Informationen. Wie erkennt der Laie, welche Firmen tatsächlich verantwortungsbewusst für die Erde und die Menschen arbeiten?

SVAHARA: Ihr habt euer Herz. Fragt euer Herz. Das gibt euch die Antwort.

FRAGE: Aber noch viel zu wenig Menschen können erkennen, was ihr Herz sagt, noch viel zu wenige gehen in der Liebe – und wir haben doch nicht mehr viel Zeit! Was können wir tun?

SVAHARA: Wir geben der Erde und euch Menschen so viele Werkzeuge ...! Im Jahre 2003 ist die Energie für das Herz am stärksten.

FRAGE: Heißt das, 2003 wird es zahlreiche Umbrüche geben?

SVAHARA: Oh, ja – sehr, sehr viele! Deshalb ist es so sehr wichtig: Geht spirituell und ökologisch bewusst mit euch selbst und mit der Erde um. Geht bewusst mit anderen Menschen um. Geht bewusst mit allen Lebewesen auf der Erde um.

FRAGE: Ich gehe seit Jahren sehr bewusst mit Wasser um. Mir wurde aber schon gesagt, das sei eigentlich gar nicht so sehr wichtig. Ich solle nur fest daran glauben, dass das Wasser immer fließt, dann würde auch Verschwendung nichts ausmachen. Reicht da wirklich allein der feste Glaube – oder wie wichtig ist es, Wasser zu sparen?

SVAHARA: Es ist absolut wichtig, sehr bewusst und sehr verantwortungsvoll mit dem Wasser umzugehen!

Doch dieses Bewusstsein kommt von innen. Wenn ihr mit euch selbst verantwortungsbewusst umgeht, dann habt ihr auch Achtung vor der Erde und ihren Schätzen.

Es ist wichtig, all diese Schätze, die die Erde euch schenkt, zu bewahren und sinnvoll einzusetzen.

FRAGE: Wir sollen also beispielsweise strikt darauf achten, nur solche Waschmittel oder Putzmittel und so weiter zu benutzen, die keine Gifte enthalten? Die biologisch abbaubar sind und somit dem Wasser und der Erde nicht schaden?

SVAHARA: Ganz richtig. Auch eure Körperpflegemittel - achtet darauf, dass sie frei sind von chemischen Substanzen!

Wie viele Erdenbewohner verkleben ihre Haare mit Sprays oder anderen chemischen Mitteln - und damit verkleben sie ihr Kronen-Chakra! Überlegt euch dieses Ausmaß ...

Es wäre wundervoll, wenn jeder Mensch ein offenes Kronen-Chakra hätte. Doch all diese chemischen Substanzen verhindern das.

Dazu kommt noch eure Ernährung: So wie sich viele ernähren, kann das zweite und dritte Chakra niemals geöffnet sein.

FRAGE: Zu viel Fleisch, zu viel Süßes - zu viel Chemie?

SVAHARA: Ja - zu viel Chemie!

FRAGE: Da komme ich wieder auf meine Frage von vorhin: Wie können wir erkennen, dass Lebensmittel, Bekleidung, Kosmetika oder Wasch- und Putzmittel auch tatsächlich ‚Öko-' oder ‚Bio-Produkte' sind?
Nicht jeder kann seinem Herzen und seiner Intuition vertrauen, um das herauszufinden. Außerdem ist sowieso fast alles, was wir für unseren Lebensunterhalt verwenden, mit Chemie belastet. Was sollen wir tun?

SVAHARA: Wir aus der geistigen Welt werden euch helfen. Es werden viele Produkte entstehen, die sehr rein sind. Diese reinen und unverstrahlten Produkte sind gut für euren Körper.

FRAGE: Du hast von der Erhöhung der Herzensenergie im Jahre 2003 gesprochen. Wie können wir uns das vorstellen?

SVAHARA: Der Druck, der den Menschen im Herzen sitzt, wird nach außen kommen.

Viele Menschen werden anfangen, authentisch zu sein, sich selbst zu leben - wirklich das zu leben, was sie vom Herzen her tun wollen. Das bringt große Veränderungen mit sich.

FRAGE: Du meinst diesen Druck, der aus Schuldgefühlen kommt oder aus der Vorstellung, man müsste einem bestimmten Bild entsprechen und tun, was andere von einem erwarten ...?

SVAHARA: ... all das wird zusammenbrechen. Alles.

FRAGE: Heißt das, alle Vorstellungen von Karma, Schuld und angeblich notwendigem Leid werden sich auflösen?

SVAHARA: Wenn die Menschen sich selbst genügend damit konfrontiert haben - ja. Sie werden in allem wieder den göttlichen Funken spüren und sehen.

FRAGE: Du sagst, den göttlichen Funken in allem - dann ja auch im Täter, im Mörder und so weiter. Heißt das, die Menschen werden andere nicht mehr beurteilen und verurteilen? Sie werden dieses Verhalten ablegen?

SVAHARA: Bedingungslos - ja! Bedingungslos.

ANTWORT: Ich versuche seit einiger Zeit, ganz im Hier und Jetzt zu sein. So ganz schaffe ich das noch nicht. Gleichzeitig bemerke ich aber auch, dass viele Geschehnisse auf der Erde mich traurig und hilflos machen, trotz allem Glauben und Vertrauen in die göttliche Weisheit und Liebe. Es ist noch so viel Bewusstseinsveränderung notwendig ...

SVAHARA: Es wird geschehen. Diese Bewusstseinsveränderung wird kommen.

FRAGE: Michael sagte uns, wir sollen die Energie-Karten einsetzen. Ich habe die Wasser-Energiekarte in den Atlas gelegt. Ist
das eine Möglichkeit, der Erde zu helfen?

SVAHARA: Das ist eine wundervolle Möglichkeit!
Ganz wundervoll.

FRAGE: Und wie ist es mit Lebensmitteln oder anderen Dingen
wie beispielsweise Kleidung oder Haushaltsgegenständen - kann
ich die ebenfalls auf diese Energie-Karten stellen?

SVAHARA: Du kannst alles auf diese wundervollen
Werkzeuge stellen. Alles!

FRAGE: Ich versuche, die Obst- und Gemüse-Anbauer in unserer Wohngegend von der guten Wirkung der Energie-Karten und
der Essenzen zu überzeugen. Immer mehr von ihnen öffnen sich
für solche Informationen. Welche Essenz kann ich beispielsweise
empfehlen?

SVAHARA: Die Erd-Essenz. Sie können diese Essenz
verwenden für den Boden und für die Bewässerung
der Pflanzen.

FRAGE: Kann ich auch von dieser Erd-Essenz einen Tropfen in
das Spülwasser für Obst oder Gemüse geben?

SVAHARA: Du kannst einen Tropfen auch in das Waschwasser geben für deine Haare, für deine Kleidung und das Geschirr; auch in das Putzwasser für deine Wohnung kannst du sie geben. Da sind keine Grenzen gesetzt - gar keine!

Habt ihr noch Fragen?

FRAGE: Ich habe in letzter Zeit viel über Zedern gelesen. Kannst du uns über diese Bäume etwas sagen?

SVAHARA: Sie sind sehr heilend. Die Zedern reinigen und öffnen das Herz. Sie wirken bei allen Krebs-Erkrankungen. Es ist wundervoll, wenn an vielen Plätzen solch ein Baum steht.

FRAGE: Es sollte also jeder sich eine Zeder kaufen, der einen Garten oder einen Balkon hat?

SVAHARA: Ja! Pflanzt überall ein Bäumchen. Das ist so sehr wichtig für die Erde und für euch Menschen.

FRAGE: Gibt es noch andere Bäume, die wir zu uns holen sollen, die uns Menschen helfen können in der jetzigen Zeit?

SVAHARA: Alle Bäume sind wichtig - alle! Sie bringen euch Menschen die Energien zurück in euer Herz.

Pflanzt Bäume, pflanzt neue Bäume. Damit verschönt ihr die Erde - und damit schmückt ihr euch selbst und euer Herz.

Doch das Wichtigste ist: Vertraut euch selbst. Seht her - die Erde vertraut euch bereits ...

Nutzt alle Werkzeuge, die ihr aus der geistigen Welt bekommt. Setzt überall Zeichen, damit die Erde wieder zu einem Paradies wird.
Werdet euch bewusst, in welcher Form ihr auf der Erde leben wollt. Wollt ihr leben, als würde euch das alles gar nichts angehen, oder wollt ihr Zeichen setzen und bewusst handeln - bewusst für die Erde und bewusst für euch selbst?

Es liegt an euch, was passiert mit euch Menschen und damit auch der Erde.

Die Liebe ist so stark in euch verankert. Erinnert euch wieder dieser Liebe, damit ihr euch selbst leben könnt, euch spüren und fühlen könnt.

Wichtig ist, dass ihr wieder zu euch selbst kommt.

VAJA ASHALA.

Benutzt VAJA ASHALA als Mantra. 108-mal.

VAJA ASHALA. Es ist der Gruß aus dem Land der Wale und Delphine.
Benutzt dieses Mantra, damit ihr mehr und mehr die Herzensliebe wieder spüren könnt. VAJA ASHALA.

Alles wird gut - wenn ihr euch vertraut.

Wenn wir in euch kein Vertrauen gehabt hätten, damals, bei dem Atomunfall in Tschernobyl ... was wäre passiert? Die Erde würde nicht mehr existieren. Ihr seid geschützt. SVAHARA segnet euch aus dem göttlichen Bewusstsein des Landes der Wale und Delphine.

Geht bewusst mit euch um. Segnet alle Nahrungsmittel, all eure Kleidung, eure Möbel, segnet alles Wasser.

Segnet alles, indem ihr darum bittet, dass Gott diese Dinge energetisiert. Tut es mit euren eigenen Worten. In dem Moment, in dem ihr darum bittet, ist es auch schon geschehen.

Meditiert. Nehmt Kontakt mit eurem Inneren auf und meditiert.

Seid wach jeden Augenblick. Verschlaft nicht euer Leben und euer Sein. Seid jeden Moment authentisch und in der Klarheit.

Trefft euch in Gruppen. Tauscht euch aus. Bringt die Energie gemeinsam auf die Erde, denn gemeinsam geht es viel leichter. Deshalb nennt ihr uns ja auch ‚Delphin-Schulen' – weil es immer viele von uns sind, die zusammenleben.

Brecht aus aus dieser Gesellschaft, wie sie sich euch jetzt darstellt. Brecht aus und setzt ein Zeichen.

Das Licht von SVAHARA ist immer mit euch.

Wort-Erklärungen

Akasha-Chronik
Geistige Bibliothek, in der alle vergangenen, zukünftigen und
das aktuelle Leben gespeichert sind

Blaupause
Der ursprüngliche göttliche Lebensplan für die aktuelle Inkarnation, und zwar ohne physische oder psychische Erkrankungen oder Verletzungen

Bovie (Mehrzahl: Bovies)
Messbare Energie-Einheiten, genannt nach dem Physiker
Bovie

Chakra (Mehrzahl: Chakren)
Energie-Räder an bestimmten Stellen des Körpers

DNA
In allen Lebewesen vorhandene Nukleinsäure, die als Träger
der Erbinformation die stoffliche Substanz der Gene darstellt
(Quelle: Duden)

Doppelhelix
Struktur des Moleküls der DNA (Quelle: Duden)

Lichtnahrungs-Prozess
Prozess von 21 Tagen, der den Körper auf die spezielle Auf-
nahme kosmischer Energie vorbereitet

Lichtkörper-Prozess
12-monatiger Prozess, bei dem alle vier Wochen ein Chakra
gereinigt, vertikalisiert und die Schwingungsfrequenz erhöht
wird

ÜBER DEN AUTOR NATARA JÖRG LOSKANT

Natara wurde 1972 in Hessen geboren. Von Beruf Krankengymnast und ganzheitlicher Therapeut, bildete er sich weiter aus zum Reiki-Meister und Reiki-Lehrer. Eine Schamanin lehrte ihn, Auren und Chakren zu sehen und in der Akasha-Chronik zu lesen.

1998 wurde er durch ein visionäres Erlebnis auf seine eigentliche Lebensaufgabe hingewiesen: den Menschen und der Erde Hilfe zu bringen als Medium für Erzengel Michael. Natara (der Sanskrit-Name bedeutet ‚Goldener Lotus') folgte dem Ruf. Seitdem gibt er regelmäßige Channelings in vielen Städten Deutschlands, Österreichs und der Schweiz.
1999 gründete er den Kamasha-Verlag und -Versandhandel. Von dort vertreibt er Produkte zum Schutz und zur Heilung von Menschen und Tieren. Unter anderem stellt er von Erzengel Michael energetisierte Kamasha-Essenzen her, die bereits zahllosen Menschen beeindruckende und anhaltende psychische und physische Hilfe brachten.

Mit der Buchreihe ‚Gespräche mit Erzengel Michael' folgt Natara einem weiteren Ruf aus der geistigen Welt: die Menschen wachzurütteln, sie zu sensibilisieren für die Notwendigkeit, bewusster zu leben und bewusster mit Menschen, Tieren und Pflanzen umzugehen.

Anfragen zu den Kamasha-Produkten:
Kamasha Versandhandel GmbH
Marie-Curie-Str. 6
36039 Fulda
love@kamasha.de

Tel.: +49 (0) 661 / 38 000 240
Fax.: +49 (0) 661 / 38 000 249
www.kamasha.de

Oronos Stiftung
Bewege Gutes, verschenke Glück

Mit dieser Motivation haben wir die Oronos Stiftung am 05.07.2018 gegründet. Wir, das sind Marianne Amsler aus der Schweiz, Stefan Sieberer aus Österreich und Eva Hemm aus Deutschland, als Stiftungsrat. Und dem Oronos Verein, als Förderverein der Oronos Stiftung. Es ist uns gelungen, innerhalb von fünf Monaten, dieses Manifest sichtbar werden zu lassen. Die Oronos Stiftung ist eine internationale gemeinnützige Stiftung mit Sitz in der Schweiz. Sie ist politisch und religiös neutral und verfolgt keine kommerziellen Zwecke. Mit dieser Stiftung werden wir weltweit 194 Friedenszentren errichten, die den Menschen, Tieren und Pflanzen, aber ganz besonders den Kindern eine gesunde, glückliche und friedvolle Zukunft ermöglichen.

Eine Zukunft, in der wir Menschen lernen in Gemeinschaft und Miteinander zu leben, mit der Natur, den Tieren und Pflanzen. Diese Friedenszentren geben uns den Raum die Liebe, Geborgenheit und den Respekt zu uns selbst und unserem Leben zu erfahren. Durch neues Wissen bekommt jeder Mensch die Möglichkeit, sich aus den bestehenden Abhängigkeiten zu befreien und neue ganzheitliche Lebensformen zu entwickeln.
Das Wissen für die Heilung der DNA der Menschen, Tiere und Pflanzen wird in verschiedenen Ausbildungen in den Friedenszentren gelehrt.

Es wird neue Schulformen geben, in denen die Kinder in lebendiger und kreativer Weise, das neue Wissen über die Erde und das Leben erfahren und in ihren persönlichen Fähigkeiten gefördert werden. Wir helfen Straßenkindern eine Zukunft zu geben in Kinderhäusern direkt vor Ort.
Der Oronos Stiftung geht es um die Völkerverständigung und das Stabilisieren der Völker zum Frieden und zur Gerechtigkeit weltweit. Und das auf der Grundlage, dass jedem Menschen sauberes Wasser, saubere Luft und gesunde Nahrungsmittel bereitgestellt werden.
Wir werden Friedensfeste feiern, Missstände aufdecken und in vertrauensvoller Kommunikation gemeinsam Lösungen finden und Miteinander eine Welt des Friedens und des Glücks erschaffen.
Wir freuen uns über jeden Menschen, der in sich den Ruf hört:
Bewege Gutes, verschenke Glück

**Adresse: Oronos Stiftung, C/O Betschart Treuhand, Kapuzienerweg 16CH-6460 Altdorf
Tel: 0041 (0) 79 80699 99 email: praesidentin@oronos-stiftung.ch**

Oronos Verein
Gestalte die Zukunft von Mutter Erde aktiv mit!

Der ORONOSVEREIN bewegt Gutes in eine lebendige glückliche Zukunft für alle Menschen, Tiere und Pflanzen.

EINE ERDE – EINE VISION

Eine Zukunft, in der die Menschen in Frieden und im liebevollen Miteinander mit allen Lebewesen und Mutter Erde leben, die Tiere sich frei bewegen, die Kinder im Vertrauen und in Geborgenheit aufwachsen. Eine Zukunft, in der die Saaten geschützt sind, das Wasser und die Luft sauber sind und alle Kinder, alle Menschen, alle Tiere satt sind.

Der ORONOS VEREIN wurde 2016 gegründet und ist offen für alle Menschen, die etwas für die Erde und unsere friedvolle geniale Zukunft tun möchten. Es werden viele öffentliche Termine für Menschen angeboten, die diese Vision kennen lernen, erfahren und umsetzen möchten. Es gibt auch wundervolle Seminare mit den Meistern, die nur für Vereinsmitglieder und Geistchirurgen sind.

Im ORONOS VEREIN erfährst du das Miteinander und was es heisst, mit Liebe die Welt zu verändern.

Der ORONOS VEREIN ist der Förderverein der internationalen gemeinnützigen ORONOS STIFTUNG, welche am 5.7.2018 in der Schweiz gegründet wurde. **Sei dabei, wir freuen uns auf dich!!**

*Anmeldung & Infos - länderübergreifend- Marianne Amsler,
Käppelistrasse 24
4600 Olten, Schweiz
info@oronosverein.ch
oder Tel. 0041 (0) 79 354 99 99*

www.oronosverein.ch